Harald Hurst

Do hanne num

Harald Hurst

Do hanne num

Ausgewählte Geschichten
und Gedichte

G. Braun Buchverlag

Inhalt

„Mer wird wie d'Leut"

Vorwort von Matthias Kehle

Wieviel habe ich Harald Hurst zu verdanken! Kaum hatten es meine Deutschlehrer an einem Ettlinger Gymnasium geschafft, mir den badischen Dialekt abzugewöhnen, kaum redete ich in meinen germanistischen Proseminaren hochdeutsch, da lernte ich Harald kennen. Fast ein Vierteljahrhundert ist es her, als wir uns in einem Heidelberger Café zum ersten Mal trafen, er mit einer attraktiven Blondine an seiner Seite, wohlgemerkt in meinem damaligen Alter. Der Jungdichter, der ich war, suchte Rat bei dem älteren, bald berühmten Kollegen.

Nach und nach schlichen sich in meinen Sprachgebrauch und in den meiner Freunde Begriffe aus Haralds Büchern ein, heute sind es stehende Redewendungen. Wenn wir gedachten, „g'mütlich zu sitze", dann meinte das eine bestimmte, eben urgemütliche Ettlinger Kneipe, wenn dann ein Bierglas umfiel, riefen wir „En Lappe prego!". Schickten wir jemand „do hanne num", wussten wir, er würde sein zwar nahe gelegenes, aber wegen der Einbahnstraßen schwer erreichbares Ziel nie finden. Berichtete einer meiner Freunde, er habe am Wochenende „s'Landesübliche" gemacht, dann prahlte er mit seinen sexuellen Eskapaden.

Wenn ich heute ehemalige Universiätslehrer treffe, rede ich selbstverständlich badischen Dialekt, und selbst knochentrockene Germanisten antworten zumindest mit deutlich südwestdeutscher Sprachfärbung. Nicht nur das: Sie schätzen Harald Hurst ebenso wie „d'Leut", wie meine Nachbarn, wie die Metzgersfrau um die Ecke oder die Menschen, die in der Straßenbahn seine Bücher lesen und vor sich hinschmunzeln. Mehr noch: Die meisten lieben „ihren" Harald Hurst, und viele sind Stammgäste bei seinen Lesungen.

„Wörterclown und Lachpoet" nannte sich Harald einmal selbst. Manchmal wird übersehen, dass er nicht nur „Klamauk" macht, sondern ein begnadeter Dichter ist. Einige Gedichte, wie etwa „Salut Schtroßburg", sind große Poesie, was bestimmt auch Marcel Reich-Ranicki anerkennen würde und nicht nur Gunzi Heils Marcello. Harald Hurst ist beileibe nicht nur Spaßmacher, sondern ein kluger, lebenserfahrener Denker und Literaturkenner, der mit Geduld und Akribie meine eigenen Manuskripte Korrektur liest und mir schon manche schlechte literarische Angewohnheit ausgetrieben hat.

Wieviele Gläser Wein haben wir zusammen getrunken – viel zu wenige natürlich, „mer sieht sich viel zu selde". Und trotzdem haben wir einige Höhen und Tiefen des Lebens gemeinsam durchgemacht – wie die Figuren in seinen Büchern, vom „Lottokönig Paul" bis zu jenem geplagten Zeitgenossen in „Bernd, bitte!" Ich erinnere mich etwa an jene Party im Frisörsalon seiner ehemaligen Freundin, sehr zur Freude der nachtaktiven Ettlinger, die ungläubig ins Schaufenster starrten. Und zweimal erschien auf dem Display meines Telefons schon am frühen Morgen Haralds Nummer. Seine entsetzte Stimme berichtete ratlos vom viel zu frühen Tod zweier geschätzter Kollegen und Freunde, nämlich Kuno Bärenbold und Peter Lober.

Nun legt Haralds Verlag eine Auswahl aus – falls ich richtig gezählt habe – 17 Büchern und CDs vor. Darunter sind Schätze und Klassiker wie „De Jens Schönemann" und „S' große Bau-Gedicht". Wie mir, wird es den meisten seiner Leser gehen: Ich bin mitgewachsen und im besten Falle gereift mit Haralds Figuren und allzu menschlichen Beobachtungen. Man kann aufpassen, wie man will, „mer wird wie d'Leut".

Ehrlich: Würde ich auf eine einsame Insel verbannt werden, Haralds Bücher wären dabei. Dürfte ich nur eines mitnehmen, dann wäre es dieser Auswahlband.

Rambo

Aus, Rambo! Aus! Hierher! – Nur kai Angscht, der macht nix. Normal beißt der net. – Was isch'n des, Rambo? Fuß! Sitz! Brav. – Im Grund isch der völlig harmlos. Sie dürfe nur net zaige, dass Se Angscht habe. Des merkt der sofort. Schon wenn jemand unkontrolliert schwitzt. Gehe Se völlig normal weiter. – Platz, Rambo! Runner! Der Mann will nur vorbei. – Normal weitergeh, hab i doch g'sagt. Net schneller were, womöglich springe. Aus jetzt, Rambo! Platz! Was soll des Knurre? Wir knurren nicht. – Also jeder Hund hat en Jagdinstinkt. Wenn Sie renne, were Se für ihn sozusage zum Has. Dann kann ich für nix garantiere. Ob ich'n dann noch halte kann, waiß i net. So'n Kerl hat eine unglaubliche Kraft. Un Sie könne mir glaube, der isch schneller als Sie. Do hätte Se kai Chance. – Aber jetzt isch Ruh, Rambo! Sonscht wird s'Herrle bös. – Gehe Se weiter. Nur zu. Ganz locker. Sie sin jo beinah vorbei. Ich hab'n am Halsband. Bloß net renne. Dann kann an sich nix passiere – Herrgottsack! Halt! Rambo! Runner uff de Bode! So, zack! Jetzt gibt's aber! Derf mer denn des? Uff d'Leut losgeh! Zack! Jetzt isch s'Herrle sauer. Bei Fuß! Kain Mucks mehr. Un nimme g'rührt! Sonscht kommt d'Leine. – Sowas. Hat er Sie verwischt? Am Arm? Nur gezwickt. Gott sei Dank. Ich hab's jo g'sagt, sowas macht er net, fescht zuschnappe. De Mantelärmel hat e bissle was, aber des war schon, gell. Habe mer Glück g'habt. Wenn der so richtig zugebisse hätt, wie er könnt, wär de Knoche durch. Habe Se seine Zähn mol g'seh? Sie habe en Fehler g'macht. Sie hätte'm net direkt in d'Auge gucke dürfe. Des derf mer bei'me Hund nie mache. Sonscht kriegt er Angscht. Un wird fuchsteufels ... Rambo! Jetzt langt's! Der Mann will dir nix mache. – Mir sin natürlich versichert. Da ware mer schon froh drum. Jesses, Sie sin ja ganz blass. Kai Sorg. Ich halt'n fescht, bis Sie weit genug weg sin. Aber langsam. Un net rumdrehe. Nix für ungut. Noch en schöne Spaziergang.

Guck mol, wie der geht. Dem habe mer en schöne Schreck ei'gjagt, dem Hosescheißer. Des wittere mir sofort, wenn ainer Angscht hat, gell Rambo.

S' Landesübliche

die graue katholische feierdäg im november
wenn de himmel durchhängt
wie e nasses bierzeltdach
mit violette wolkewürscht
– krampfadere vom liebe gott–
die sich uffkratze an de kirchturmspitz
un rotz un wasser heule un
de wind
spuckt mäuler voll rege an d'scheibe

an allerseele, wenn mer die dode uff ihre nebeläcker bsucht
vorsichtshalber
dass die aim net selber ins haus komme
sich im wohnzimmer vor de fernseher stelle
mit ihre dreckbatze an de knöchelesfüß
aim vorwürf mache
mer wär für en lebendige viel zu dod
könnt aigentlich glei mitkomme
s' däd net ufffalle
s' wär eh niemand uff de straß
un wo sie herkäme wär's garnet so übel
ich bin dehaim
wo d'leut was vertrage
wo sich d'männer beim Frühschoppe s' hirn plattsitze
wo die landesübliche vier knödl mit soß zum middagesse
s' blut aus'm kopf bauchwärts ziehe zum verdaue
wo mer nach'm esse zamme ins bett schlupft
un s' landesübliche macht
weil s' blut sowieso grad
unnerum zu schaffe hat

11

an dene erotische katholische feierdäg
im november
wenn de himmel durchhängt
wie e nasses bierzeltdach

Der mit de Wurscht

Ich lass mi durch die Gasse schiebe. Zwische Glitzerkramständ un Fressbude durch. Wenn i nur e bissl größer wär! In dem Gedrängel seh ich bloß Klaider, Fraueg'sichter un Männerhäls. Alle paar Schritt wechsle die Gerüch. Pizza, Bubespitzle mit Sauerkraut, gebrennte Mandle, Waffle, Bratwürscht.

Ob i was esse soll? S'isch en Glücksfall, in're Gegend zu lebe, wo d'Leut sich überlege müsse, ob se Hunger habe. Wo's sogar sowas gibt wie en „klaine Hunger zwischedurch". Des isch en ganz delikater Vormangelzustand, den mer in de Dritte Welt überhaupt net kennt.

Vor'm Rathausportal spielt en Bläserchor „Kommet, ihr Hirten, o kommet doch all". Des wär was, wenn die käme. Aus de ganze Welt. Die Hirte. Mit ihre Granatwerfer un Kalaschnikows. Ruckzuck wäre die Ständ leerg'fresse. Un mir? Ich derf net dra denke. Zum Glück könne die Flug net zahle un bringe sich vor lauter Elend selber um.

Zehn Meter voraus seh ich des Schild vom Pfälzer Glühweinstand. Ich muss mi rechtzeitig uff die anner Seit durchschaffe, sonscht schiebe se mich vorbei. Mit Höflichkait isch do nix zu mache. Rippestöß von hinne. De Gegeverkehr kaut un schimpft. Ich lass mi net abdränge. „Idiot!" En Riesekerl guckt mit böse Auge zu mir her. An seiner Unnerlipp hängt e halbe Scheib Salami. In de Hand hat er nur noch e leere Serviett. Grad wollt er zubeiße. Gott sei Dank schiebe sich immer mehr Leut zwische uns. Sie stampfe über sei Pizzastück. Sein Kopf treibt fort. Hoffentlich dreht der kai Runde un kommt z'rück.

Ich hab's g'schafft. An meiner Jack isch'n Knopf abg'risse. Ich schnipp en Sardellefetze vom Ärmel. Aber ich steh unner'm Vordach vom Glühweinstand wie in'me ruhige Kehrwasser. Außerum die Menschebrandung. Mei Geld wandert über hilfreiche Händ nach vorne, en dampfender Becher schaukelt zwische Daume un Mittelfinger zu mir z'rück. Prima Stimmung an de Thek. De Glühwein macht locker. S'geht zu wie in're Besewirtschaft ohne Wänd. Ich stell mir vor, wie sich en Riese über den Weihnachtsmarkt beugt, d'Händ uff d'Knie g'stützt un des Gewimmel zwische seine Schuh studiert. Genau so wie mir manchmol en Amaisehaufe am Wegrand betrachte. Eine Rennerei, ein umtriebiges Hin un Her mit Gepäck. Dauernd were Sache von Punkt A nach Punkt B g'schleppt. An manche Plätz balle sich die Amaise zu regelrechte Klumpe, bevor se widder in alle Richtunge fortspringe. S'wär net leicht, in dem Betrieb e Ordnung zu erkenne. Mit scharfe Auge könnt so'n Riese seh, dass die Kauwerkzeuge ständig in Bewegung sin. S'wird neig'stopft, neig'leert, abg'wischt, rausg'spuckt, g'schwätzt, g'lacht un rausg'raucht. Der fremde Beobachter hätt wahrscheinlich de Ei'druck von're schaffige, g'fräßige un g'sellige Insektesort. Ob er mit dene zwai nebe mir was a'fange könnt? Mit dene verliebte Jung-amaise?

E Knutscherei un e Geschnäbel. Jedesmol, wenn ich rüberguck, fahrt's mer so e bissl in de Mage. Net schlimm. Nur en kurze, giftige Stich. Vielleicht fehlt mir doch was im Lebe. Seit drei Johr bin ich solo. Single, wie mer des heut nennt. Nach de Sieglinde hab ich mir nix Schöneres vorstelle könne, als mei Ruh zu habe. Die Vorstellung hat mir zeitweis jeden Orgasmus ersetzt. Des klingt übertriebe, ich waiß. Aber um des zu verstehe, müsst mer halt d'Sieglinde kenne. Mittlerweil hat se widder jemand. S'ging ihr gut, hab i g'hört. Des freut mich. Wie's mei'm Nachfolger geht, stell ich mir lieber net vor. Ich wünsch ihm viel Glück. Er wird's brauche könne. Domols hab ich mir jedenfalls g'schwore: Dir kommt kai Frau meh ins Haus!

Inzwische däd i gern ab un zu mol e Ausnahm mache. Nur stundeweis am Wocheend. Nachts. Oder über d' Weihnachtsfeierdäg. Vom Hailige Obend nach de Bescherung bis zum Morge vom zwaite Feierdag. Dann hätt i widder gern mei Ruh. Ich bin immer notgedrungener Single aus Überzeugung. Mit fünfezwanzig wär des Singlelebe luschtiger g'wese. Aber do war i z'blöd. Domols hätt i jede habe könne. Beinah jede. Jedenfalls viele. Un was war? Ich hab widder nur aine g'habt. So e große Liebe, die immer klainer wore isch. Des dauert sei Zeit. Jetzt bin i doppelt so alt. Ich kann noch so forsch in de Spiegel lächle, s'isch nimme des. Immer mehr muss ich mich uff die sogenannte innere Werte z'rückziehe. Des isch en bitterer Rückzug. Ich spendier mir noch'n Glühwein.

Mei Freihait isch mir immer wichtig g'wese. Zwische viele Möglichkaite wähle könne. Nur, was nützt die Freihait, wenn mer zunehmend zwische Möglichkaite wähle kann, die mer nimme hat? Mer sieht aifach nimme so aus, dass mer jemand kriegt, der besser aussieht. Aus de Not macht mer halt e Tugend. Wählerischer sei mer wore. Anspruchsvoller, was die innere Werte a'geht, sagt mer sich schlau. Mer wollt nimme jede, bloß weil se ai'm g'fallt. Schönhait isch vergänglich, aber en guter Charakter bleibt. Der wird mit de Zeit eventuell noch besser. Wie bei'me Wein, der was taugt. D'Flasch wird staubig, de Korke verschimmelt, aber de Inhalt veredelt sich. Des glaubt mer so gern, dass mer sich's net lang ei'rede muss.

Dene zwai nebedra sin die innere Werte egal. Früher war's bei mir genauso. Un heut? Plötzlich isch's ganz wichtig, dass e Frau e schöne Seel hat. Die Lebensg'fährtin soll vor allem treu sei. Treu wie Gold. Weil ai'm des Treusei selber nimme so schwer fallt wie früher. Ehrlich, zuverlässig, verträglich, womöglich sogar ausg'sproche friedliebend soll se sei. Des isch kai Wunder, nach allem, was hinner ai'm liegt. Fleiß un Sparsamkait wäre willkommene Eigeschafte, solang se net ins Schwäbische entarte. Halbwegs intelligent un e bissl gebildet müsst so e Frau sei. Dass mer sich net blamiert, sich unnerhalte kann. S'geht net um die a'glernte Bildung, sondern um die Herzensbildung. Die langt. Bloß nix Verkopftes. Mir isch's nimme nach feministische Grundsatzdiskussione. Ich sehn mich nach schöne, harmonische G'spräche bei'me Glas Wein.

Die zwai komme mit wenig Wörter aus. Zwische Glühweinschlückle gucke se sich wie hypnotisiert in d'Auge un hauche abwechselnd: „Du, ach du." Ich kann's bald nimme höre. Er hat e Hand in d'Gsäßtasch von ihre Jeans g'schobe, knetet vorfreudig.

Sie hat's gern, des sieht mer. Sie streckt ihm de Po direkt entgege. Ich schiel rüber. Jesses, des Ärschle. Des G'fühl in meiner Hand wär mir jetzt lieber als s'schönschte G'spräch. Ich finger an mei'm Becher rum. Weggucke! Des kennt mer doch. Des hat mer Gott sei Dank a mol g'habt. So hat's immer a'gfange.

Die innere Werte sin wichtig. Aber net nur. So alt bin ich noch net, dass i nur e Lebenskameradin such. Des kommt vielleicht später. Erotik un sexuelle A'ziehung g'höre scho noch dezu. S'muss was funke. Aber net so, dass mer nur noch im Viereck rumspringt un sei Sach nimme g'schafft kriegt. Früher wär des recht g'wese. Heut bin i im G'schäft so g'fordert, dass i nach Feierabend net immer zu Kisseschlachte uffg'legt bin. S'muss zu verkrafte sei. Von mir aus dürft e Frau in dem Punkt ruhig temperamentvoll sei. Ab un zu. Wenn sich's grad a'bietet. E mildes, regelmäßiges Sexuallebe, des wär's. Mit einer Frau, die a mol verzichte kann, wenn's grad net geht. Sie sollt maximal zehn Johr jünger sei als ich, net mehr. Um die Vierzig. Komisch, e Frau in mei'm Alter wär mer widder z' alt. Spontan könnt se sei. Warum net? Lebhaft. Wenn's im Rahme bleibt. Nur net heut so, morge so. Laune kann i net vertrage. Do hab i e ganz feine Antenn. Sobald ich merk, dass e Frau launisch isch, blinkt in mei'm Kopf e Schrift aus rote Alarmlämple: Sieglinde, Sieglinde …

Sex isch für'n Single heut kai Problem mehr. Mir lebe in're so freizügige G'sellschaft, dass jeder Durchschnittsverdiener schnell, unverbindlich un sogar relativ preiswert sei diesbezügliche Notdurft verrichte kann. S'hat massehaft Massagesalons mit gezielter Entspannung zum zügige Stressabbau. In jedem Käsblättle stehe seiteweis Telefonnummere von Firme mit weiblichem Personal, dem's gege Aufpreis vor kai'm Männerwunsch graut. Do muss de Masochischt oder de verkappte Analerotiker nimme mit'me rote Kopf vor de aigene Frau rumdrucksse, vor der er sich schämt, weil er se zwanzig Johr lang kennt. In manche Zeitschrifte wär's direkt pervers, wenn jemand per Annonce e Frau zwecks späterer Heirat suche wollt. Wer mitte in de Nacht vom Trieb überwältigt wird un nimme aus'm Haus will, kann aifach im Fernseh e Nummer wähle un sich sexuelle Linderung verschaffe. Für e Mark fuffzehn pro Minut kann sich so'n einsamer Bedürftiger von're Frauestimm so lang in Erregung schwätze lasse, bis des G'spräch schlagartig gegestandslos wird. Er schmeißt befreit de Hörer druff, lasst abbuche un hat für d'Nacht Ruh. Wenn mer sich e bissl beeilt, isch des e billiges Vergnüge. E Zeitlang war ich Mitglied in'me Single-Club. Nach sonndägliche Wanderunge, Grillparties un gemainsame Besuche von kulturelle Veranstaltunge isch's dort a ziemlich krampflösend zug'ange. Aber uff die Dauer war mir des zu umständlich.

De Manfred, en gut abg'lagerter Jungg'sell aus'm Bekanntekrais, fliegt jedes Johr für drei Woche nach Bangkok un lebt sich dort aus. Bis zum Umfalle, sagt er. Von de Erinnerung zehrt er s'ganze Johr über, bis d'Vorfreud widder losgeht. Un wenn's ihn zwischedurch ganz arg packt, weil mer bei der Sach halt net uff Vorrat schaffe kann, sowenig wie mer heut scho für morge voresse kann, dann legt er e Woch Cuba ei. Oder fliegt g'schwind in e annere exotische Gegend mit weite Palmestränd un'me deutliche Armutsgefälle, wo de deutsche Urlauber ohne Frau gern g'seh isch. Als höherer Beamter bei de Meldebehörde verdient er net schlecht. Un zu versorge hat er a niemand. Was soll er denn mit dem Geld mache?

Nach e paar herbe Enttäuschunge mit de einhaimische Frauewelt wohnt er widder im elterliche Haus bei seiner siebzigjährige Mutter. Die kocht für ihn seine Lieblingsgerichte von früher un macht ihm d'Wäsch schrankfertig. Der Manfred muss sich um nix kümmere. Die will net wisse, wo er war, wenn er um drei nachts im Schlüsselloch rumstochert un nach Bier stinkt. Statt e Szene zu mache, wie e normale Frau, bringt se Aspirin un legt'm en nasse Lappe uff d'Stirn. Sie päppelt ihn klaglos, nur mit'me stumme Vorwurf im Blick, widder hoch. Welche Frau däd des mache? Er gibt ihr e paar Mark Miete. Als Anerkennung. Sie will's garnet nemme. Die isch froh, dass se ihren Sohn bei sich hat, nachdem de Mann g'storbe isch. So g'seh, könnt's de Manfred wirklich net besser habe. Nur für sei G'schlechtslebe kann die Mutter net sorge.

Aber vielleicht hat er recht. Soll er sich wege der Bumserei, wie er immer sagt, extra e aigene Frau zulege, mit der er s'ganze Johr bloß de Zirkus un die laufende Ausgabe hat? Immer will er mich überrede, mol nach Bangkok mitzufliege. Aber s'isch irgendwie net mei Sach. Ich bin halt mehr vom alte Schlag. Vielleicht bin ich a e bissl verklemmt. Ich will mich verliebe. De Manfred tippt sich bei der Ei'stellung an d'Stirn. Bloß, weil er ab un zu e Glas Milch trinke will, kauft er sich doch kai Kuh, sagt er.

Ich schon. Ich will langsam un schwierig an die Milch komme. Sonscht schmeckt se mir net, um bei dem Vergleich zu bleibe. Manchmol isch er scho en Kotzbrocke, de Manfred. Als Frau wollt ich nix mit'm zu schaffe habe. Es sei denn, gege Vorauszahlung in bar.

Jetzt übertreibe se's aber mit de Schmuserei, die zwai nebe mir. Des könnte se dehaim im Schlofzimmer mache. Solang könnte se warte. Ihre Händ schlupfe unner sein Pullover un mache dort rum. Ich guck weg un seh alles. Ich denk an d'Sieglinde. Des helft immer noch. Ich hab plötzlich en u'bändige Appetit uff e Bratwurscht. Später geh i vielleicht ins Kino. Lächerliche Ersatzhandlunge? Möglicherweis. Hauptsach, es funktioniert. De Manfred kann des net. Der braucht immer genau des, was ihm fehlt. Deshalb muss er nach Bangkok fliege.

Ich stell mich in die Schlang vor Göpfrichs Wurschtbude. S'geht schnell. Ich bin dra. „Bratwurscht mit Weck." Normal isch's wie verhext. Es könne dreißig Würscht uff'm Grill liege, ich krieg garantiert die klainschte, uffgeplatzt un verbrutzelt. Heut hab i Glück. Die Zang stochert zwische de Würscht, dreht se flink un greift für mich e pralles, dickes Prachtexemplar, goldbraun, fettglänzend un gut zwanzig Zentimeter lang. „Mit Senf?" – „Ja, bitte. Extra viel, wenn's geht." Mit'm Handballe haut die Frau dreimol uff'n schwarze Knopf. Mit so'me unappetitliche Pfludere setzt se zwai große Senfhäufe an de Kartonrand, dann spritzt se mir die Wurscht gelb zu. „Isch des genug?" Ihr Stimm hat en boshafte Unnerton. Ich nick nur un zahl. De Weck steck i in d'Kitteltasch.

En Platz zum Abstelle suche, in de linke Hand d'Eikaufs-tüt, d'Aktetasch unner de rechte Arm geklemmt, vorne de Wurschtkarton. Beim Göpfrich stehe d'Leut in Doppelraihe um jede Tischfläche. Ich komm nirgends dezwische. Do rutscht mir die Aktetasch weg. Ich kann se grad noch mit'm Elleboge gege d'Hüfte drücke. Debei hat die Wurscht en Hopser g'macht, hängt g'fährlich über de Rand. Ich bleib en Moment krumm steh un beweg mi net, de Daume uff de Wurscht. Es tut weh. Sie isch noch haiß. Ich überleg schnell, ob ich die Tasch aifach falle lasse soll. Dann seh ich de Abfallaimer in de Näh. Der Deckel isch die ainzige freie Ablag. Schräg, bucklich, wie verwachse, schlepp ich mich vorwärts. De rechte Fuß muss ich hinnerher ziehe, weil ich die Tasch an die unnere Rippe drücke muss un deshalb nimme hochkomm. Links muss ich die schwere Tüt vom Bode weghalte. Es sin Flasche drin. „Guck! Guck doch mol!", hör ich jemand halblaut rufe. „Wie de Quasimodo." Gelächter an'me Tisch. Blöd lache, des könne se, d'Leut. Aber helfe? Ai'm was abnemme? Do rührt sich kain Mensch. Klar. Dann gäb's jo nix meh z'lache.

Kain schöner Essplatz uff de Mülltonn. An Ludwigs Gourmet-Stand gegenüber wär reichlich Platz. An Stehtisch mit weißem Wachstuch gabelt d'Schickeria in vitaminreiche Salätle mit Shrimps un nippt an 0,2er Gläsle mit Weißwein. In bequemer Ellebogefreihait, die se garnet brauche, weil se so vornehm esse. Des sin Leichtgenießer mit Lebensart, kaine Sattfresser un Humpestemmer wie beim Göpfrich. So e junges Bürschle, als Humphrey Bogart verklaidet, de Mantel offe, de Krage hochg'stellt un de Hut im G'nick, schwätzt laut un wichtig in sein Handy. Wahrscheinlich e vorgezogenes Weihnachtsg'schenk. Er wird's nimme ausg'halte habe, bis er de Leut was vortelefoniere kann, der Lackaff.

Grad will i in mei Wurscht beiße, do bleibt mir de Mund offe. Was für eine Frau! Eher e weibliche Erscheinung! Beim Ludwigs drübe. Ganz allai am Tisch. Ihre lange schwarze Haar glänze im Neonlicht von de Warsteiner-Reklame. Sie esst net, sie speist. Nur ihr Nasespitz bewegt sich leicht beim Kaue von gegrillte Gambas. Wie se dene Krebs de Kopf abdreht, de Schwanz wegzieht. Wie se des winzige Stück weißes Flaisch aus'm Panzer schält un genüsslich langsam zwische die volle, rote Lippe schiebt. Schon des Zugucke, wie die Frau sich ernährt, isch e sinnliches Vergnüge. Sie badet ihre Fingerspitze in Zitronewasser, trinkt en Schluck Champagner un straift mit'me kurze Blick Göpfrichs Wurschtbude. Die Auge! Ich leg schnell mei Bratwurscht weg, aus Versehe nebe de Karton, un klapp de Mund zu. Sicher bin ich mir net, aber ich main, sie hätt mich g'seh un sogar debei g'lächelt. Jetzt guckt se widder halb in die annere Richtung.

S'gibt viele schöne Fraue in de Stadt. Manche sin so schön, dass mer mit'm A'gucke un Staune zufriede isch. Als Durchschnittsmann könnt mer sich die dehaim in de Wohnung überhaupt net vorstelle. Aber die dort drübe hat was ganz Besonderes. Ich waiß net was. S'wird des gewisse Etwas sei. Bei ihrem A'blick wird mir plötzlich klar, was ich vermiss. Die innere Werte sin des net. Sogar mein Sieglinde-Zauberspruch gege Ruhestörung versagt. Jäh entschlosse pack ich mei Tasch un d'Tüt mit de linke Hand, dass sich die Bratwurscht ruhiger halte lasst. Ich geh rüber zum Ludwigs. Stell mich frechweg nebe die tolle Frau. Wer bin ich denn, dass ich uff'm Göpfrich sei'm Dreckaimerdeckel esse soll? En Penner? Vielleicht g'hört die Frau zu dene Möglichkaite, die ich nimme hab. En Versuch isch's wert. Ich hab nix zu verliere, was i net gern los wär. Im Moment kommt's mir jedenfalls so vor. Wenn's nix wird, steh ich wenigschtens näher an der erotische Strahlungsquell un genieß e ganz anneres Lebensg'fühl. Sogar e Gläsle Champagner könnt ich mir hole. Zu de Bratwurscht passt's halt net.

Ich hab immer Probleme g'habt, Fraue a'zuspreche. De erschte Satz fallt mer schwer, weil er originell sei soll. Bis mir sowas ei'fallt, sin die Fraue maischtens weg. Sie hat ihr teure Lederhandtasch offe am Bode steh. Ich könnt en Satz sage, wie: Des däd ich an Ihrer Stell aber net mache. Uff'm Weihnachtsmarkt wird soviel – sag ich jetzt geklaut, g'stohle oder entwendet? Des klingt net b'sonders originell, aber freundlich un besorgt. Des schafft Vertraue. Un ich kann weiterverzähle, was mir uff die Art schon alles weg'komme isch. En guter G'sprächsanfang.

Ich komm mit mei'm Gepäck schräg von hinne. Sie guckt zum Kinnerkarussell. Ebe isch e Kind vom Holzschimmel g'falle un schreit, dass mer maine könnt, sein Kopf wär verplatzt. Grad will ich mit der höfliche Frog, ob's erlaubt isch, mei Kartönle nebe ihren Porzellanteller uff de Tisch schiebe. Do passiert's. En Zentimeter vor de Tischkant knickt mir der Pappedeckl zwische Daume un Zaigefinger ab. Die Wurscht rutscht durch de Senf un isch weg. In ihrer Handtasch verschwunde. Genau durch de Schlitz g'falle, ohne de Rand zu berühre. S'isch wie e schwieriges, langg'übtes Kunschtstück. Irgendwie bin ich selber verblüfft, dass sowas klappe kann.

Ratlos un verwirrt steh ich mit dem leere Wurschtkarton in de Hand zwische dene Tisch vom Ludwigs. En Schritt vor, drehe uff de Stell, widder zwai Schritt z'rück. Jeder Fuß will in e annere Richtung. Was sage? Entschuldigung, mir isch mei Wurscht in Ihre Handtasch g'falle, zum Beispiel? Im Profil seh ich ihr Nasespitz en Gamba mitkaue. Ich riech ihr Parfüm. Die hat nix g'merkt. Sie guckt gradaus über de Platz, hat mich garnet zur Kenntnis g'nomme. Mit'me schnelle Rundblick überprüf ich die G'sichter von de annere Gäscht. Niemand hat mein Wurscht-Trick g'seh. Alle G'sichter sin zum Karussell gedreht.

E gute G'legehait, mich langsam zu entferne. Rückwärts, dass ich die Szene noch e Weil im Aug b'halte kann. Net, dass mich jemand grad ebe noch, vor zehn Sekunde, mit der Bratwurscht komme g'seh hat un mich jetzt ohne gehe sieht. So schnell verdrückt kainer sei Wurscht. Ich seh kaine verwunderte Miene. Ich dreh mich um, schwenk in de Passantestrom ei. Unauffällig misch ich mich unner d'Leut un treib fort in d'Anonymität. Erscht im Schlendergang, dann mit immer größere Schritt vom Tatort weg. Ich dräng mich von hinne durch aus'm Weihnachtsmarkt.

An de Straßebahnhaltestell merk ich, dass ich den Karton noch in de Hand hab. Der muss weg. Erscht dann hab ich mit der Sach nix meh zu schaffe. Kaum noch Senfspure. Die schwere Wurscht hat alles wegg'wischt. Jesses, muss die Tasch inne ausseh! Vielleicht gut, dass i nix g'sagt hab. Mei Bahn kommt. Ich bieg den Pappedeckl in de Mitte z'samme un steck'n zwische d'Latte von de Wartebank. Des Beweisstück wär vernichtet.

In de Straßebahn geht mir die Frau mit meiner Wurscht in ihrer Tasch nimme aus'm Kopf. Ich könnt grad d'Notbrems ziehe un z'rückrenne. Zu spät. S'wär die Chance g'wese. Sowas spürt mer.

Aber morge! Morge um die gleiche Zeit bin ich dort. Vielleicht kommt se widder. Hoffentlich. Ich lass mir jedenfalls vom Blume-Reuther en schöne Strauß binde. Weiße Rose. G'schmackvoll un dezent. Ich ess Gambas, trink Champagner un wart. Des isch e Lebensg'fühl. Endlich mol widder verliebt. E Verabredung habe. Ich bin ganz zapplich, wenn i an morge denk.

Ich überreich ihr meine Blume, lächl hilflos charmant. Des kann ich. „Ich bin der von geschtern", sag ich. Un wenn se's net glei kapiert, dann zwinker ich mit'm rechte Aug. Ung'fähr so wie jetzt. Un sag en Ton leiser: „Der mit de Wurscht."

Salut Schtroßburg

salut schtroßburg, ça va, wie geht's?
du bucklichs hutzelweib
mit deinre schwarze sammethaub
von kirchemoos un ziegelscherbekarmesin
mit deinre mittelalterkrätz am kopf
von taubeschiss und feuersbrunscht
von peschtilenz un regemessinggrün
mit deine alte pflaschterstaigedärm
voll pinot blanc un münschterkäs
bischofslila, marseillaise
weiberwackelärsch, baguette
soß vinaigrette un schwarzer zwischedurch-
un feierobendzigarett

salut schtroßburg, ça va, wie geht's?
mei apfelbackichs bauremädle
mit deinre gugelhupffrisur
e goldes kettle
um dei bauremädlefüß

ich wünsch mer nur, ich kann bei dir
noch manchen katzefaule sommerdag versitze
im ahornschatte an deim mittagsgrüne bach
mit de chantal, de melanie, mit ainre
die i nimme waiß un nimme sieh
des sommermenschelebe spür bis in
d'fingernägelfußzehspitze

salut schtroßburg, bauremädle, hutzelweib
mit deine rieslingzitze

Heimat

Heimat isch dort
wo ai'm d'Leut
so gut verstehn
dass mer manchmol
scho beim Schwätze merkt
's wär besser g'wese
mer hätt 's Maul g'halte

De Jens Schönemann

Er hat's net leicht mit uns, de Jens Schönemann von do obe aus'm Norde irgendwo. Mit sei'm Hannoveraner Dialekt, der für uns so klingt, als däd ainer mit'me scharfe Rasiermesser in de Luft rumfuchtle. Mit sei'm schnelle Mundwerk kann der sich bloß verständlich mache, aber net g'scheit ausdrücke. Mer versteht halt nur genau, was er sage will, mehr net. Mit kai'm Zwischetönle kriegt mer zum Beispiel mit, wie der sich beim Schwätze so fühlt.

Es isch doch en Unnerschied, ob jemand sagt: „Ich bekomme eine Wut", oder ob ainer brüllt: „I könnt grad uff de Sau devoreite! Do sieht mer doch was vor sich. Dem kann mer doch förmlich zugucke, wie er d'Herrschaft über sich verliert. Mer kriegt Angscht un halt de Mund. Oder mer könnt halt uff de selbe Sau devoreite un brüllt zurück. Und dann gibt's en prima Krach, von dem alle was habe. Bei uns isch d'Wut halt scho in de Sprach. Aber lieber Gott, wenn ainer erscht ankündige muss, er tät eine Wut bekomme – des glaubt hier kain Mensch.

Dem Jens fehlt's vor allem am richtige Wortschatz. Er bräucht mehr Wörter, die ganze Sätz überflüssig mache, weil mer scho hört, was se bedeute. Was isch zum Beispiel dem Jens sein „antriebsloser Mensch" gege mein „Labbeduddl"? Wo der zwai stramme Wörter braucht, komm ich mit'me schlaffe Wörtle dere Sach näher. Ja gibt's denn was schlafferes, was lätschigeres als en Labbeduddl? Den sieht mer doch direkt vor sich im Sessel hänge. Mein Jens gibt sich Müh, unser Sprach zu lerne. „Lappentuttel" hat er kürzlich sogar gsagt. Es hat geklunge, wie vom Computer ausgedruckt.

Also bedeutungsmäßig isch unser Sprach dem Jens sei'm Dialekt schon überlege. Gege en „Furzklemmer" isch en Mensch, der bloß normal „geizig" isch, beinah spendabel. Un en „Muckebatscher" verquetscht e Muck halt rückstandsloser als eine „Fliegenklappe". Außerdem haut mer viel lieber uff e „Muck" als uff e „Fliege", weil sich's mehr rentiert. Un weil Mucke steche, wenn se

Schnooke sin. Aber des isch noch e bissl kompliziert für de Jens Schönemann.

Manchmol hör ich'm garnet zu. Ich beobacht nur sei G'sicht beim Schwätze. Es muss arg a'strengend sei, wenn sich ainer so deutlich ausdrücke will. Bei jedem Laut muss der jo extra de Mund verziehe un d'Lippe bewege. Dass jo kai a, e, i, o, u, ü oder ö verschnuddelt, also unklar artikuliert wird. Also ich wär ziemlich wortkarg, wenn ich dauernd Sätz wie: „Schau mal in die Tüte, da ist ein Bonbon drin" sage müsst. Mir wär des zu mühselig. Ich stell de Mund am Satzanfang uff en dunkle Vokal. Was sperrig isch, lass ich aifach wegfalle. Ich seh net ei, dass ich mir bloß wege de Deutlichkait s' Maul verreiße soll. Ich arretier praktisch de Kiefer im mittlere Bereich. „Guck mol'n d'Guck, do'sch e Gutsl." Des flutscht mir am Stück so raus, ohne dass sich um de Mund rum groß was bewegt. Oder habe Sie was g'seh?

Aber wie g'sagt, de Jens bemüht sich. De aktive Wortschatz isch noch ziemlich dürftig. Immerhin, beim Hörverstehe hat er schon erstaunliche Fortschritte g'macht. So en klare, simple Satz wie „Alla, trink voll leer!" hätt'n vor e paar Monat noch schwer irritiert. Heut macht er's. Un so e Szene wie domols, wo ich'm beim Umzug g'holfe hab, könnt sich heut nimme widderhole.

Mir habe g'möbelt un Bücher g'schleppt. „Heb mol die Babbedecklschachtel do!", hab ich zu'm g'sagt. „Wie bitte? Was soll ich?", hat er mich groß a'geguckt. „Die Babbedecklschachtel hebe, nur en Moment." Ich hab se'm rübergebe, dass er's kapiert. „Ach so, du meinst den Karton. Aber wieso soll ich denn …?" Do hat er die schwer Schachtel mit dene Bücher schon bis vors G'sicht hochg'stemmt. Höher hat er's kräftemäßig net gepackt. „Net! Was mach'sch denn?", hab i g'schrie. „Nur hebe! Doch net lüpfe!" Vor Schreck isch'm die Bücherschachtel aus de Händ g'rutscht un umgekippt vor d'Füß g'falle. „Ja was denn nun?", hat er entnervt g'frogt. Ich hab lache müsse, hab'm zur Beruhigung uff d'Schulter geklopft un ihm in Gotts Name nochemol erklärt: „Ich hab doch klar und deutlich hebe g'sagt. Net hochlüpfe. Halt hebe. Hebe haißt nix mache, bloß net falle lasse!" Er hat sich an d'Stirn g'schlage. „Ach so, du meinst halten!" An dem Dag hat er widder viel g'lernt.

Inzwische kommt des zackiche „Wie bitte?" vom Jens Schönemann viel seltener in unsere Unnerhaltunge g'fahre. Un wenn i mi net verhört hab, isch'm kürzlich sogar e „Hä?" rausg'rutscht.

Liebesgedicht

Ohne dich
wär des Lebe
wie'n Zirkus
der zu hat

ohne dich
wär ich nix
bloß en Mann
der sei Ruh hat

Do hanne num

Zum Clubhaus vom Rot-Weiß wolle Sie? Des kann ich Ihne aifach erkläre. Folgendes: Sie fahre do hanne num, oder besser, dort hanne nüber. Des haißt, de kürzeschte Weg wär nadürlich … Jetzt passe Se uff! Sie drehe rum un fahre z'rück wo Se herkomme sin, also zum Ortseigang, des haißt, für Sie isch's jetzt de Ortsausgang. Beim erschte Haus, besser gsagt, beim letschte Haus von hier aus gsehe, biege Sie rechts, also praktisch links ab. Über e klaines Betonsträßle – s'isch aigentlich nur für d'Landwirtschaft zuglasse, aber des macht nix in unserer Gegend – komme Se automatisch am Dobler Schorsch sei'm große Dickrübefeld vorbei un dann … aber Sie kenne sich net aus, gell? – Dann geht's net. Dann geht's net. S'wär halt de kürzeschte Weg g'wese.

Also gut. Mir gehn uff Nummer Sicher. Gebe Se acht. Ganz aifach. Folgendes: Sie drehe net rum, Sie fahre net do hanne num un a net dort hanne nüber, Sie fahre dort hinne nunner, sehe Se, dort, dort wo ebe des Lieferwägele ei… jetzt biegt's net ei! Also dort, wo des net eigeboge isch, dort biege Sie aber ei. Dann halte Sie sich immer gradaus, immer gradaus. S'alte Schulhaus lasse Se links liege. Rechterhand kommt d'Mehrzweckhall, dann d'Kläralag. Des interessiert Sie alles net! Sie fahre gradaus. Sie biege praktisch nie ab. Erscht dort, wo's aussieht, als käm nix meh, beim Bauplatz vom Kreutzinger Sepp … aber Sie kenne sich überhaupt net aus, gell?

Heieiei, des isch e Problem. Ja ware Sie noch gar nie in unserer Gegend? – Sie, da muss i überlege. Net dass ich Ihne was Falsches sag. – Jetzt hab i's, alles klar. Folgendes: Sie fahre doch glei do hanne num. Un dann frage Se vorsichtshalber nochmol. Wo's Clubhaus isch, kann Ihne hier jeder sage.

An d'Luft geh

Es war so'n Novemberwinter, grau in grau, als sei d'Welt in Spülwasserbrüh g'falle. Monatelang Tageslicht wie Notbeleuchtung. De Kellner vom Poseidon an de Eck, de Jannis, hat immer käsiger ausg'seh un vom Licht in Thessaloniki g'schwärmt, des ich mir net vorstelle könnt. Mitte Januar hat de Herr Sirin vom Türkelädle e G'sicht gezoge, als hätt er en Brocke Schweinebrate mit Biersoß im Mund, den er net runnerschlucke un net rausspucke könnt. Mit Mandelentzündung hat er ins Herz-Jesu-Krankehaus müsse.

Mir habe uns wohlg'fühlt. Ohne schlechtes G'wisse hat mer g'mütlich in seine vier Wänd bleibe könne. Nach'me kaloriereiche Frühstück habe mer uns sonndagmittags widder ins Bettzeug verkroche. Wo lebe zwai Mensche preiswerter, g'sünder, sicherer un zeitweise vergnüglicher als im Bett? Wenn se wolle, könne se dort was mache. Wenn net, schlofe se halt. Weniger kann mer net mache. Schlofe isch beinah nix g'macht. De Organismus nützt sich kaum ab un hält wahrscheinlich länger.

D'Ruth hat an ihrer Problemzone zwische Knie un Oberärm e paar Pfündle zug'nomme. Steht ihr gut. Mir g'fallt drall. Schon des bloße Wort macht Spaß. Es kullert kugelrund aus'm Mund. Drall. Mit'me griesgrämige G'sicht lasst sich des garnet aussprech. Un als Mann fühl ich mich bei dralle Fraue komfortabler in de Welt logiert als bei dünne. Drall hat mit dick nix zu schaffe. Es isch mehr en schön g'formter Überfluss, was Großzügiges an de richtige Stelle. Es wär mir jetzt drum, e ganz annere G'schicht zu verzähle. Aber z'rück zum Thema.

Im Fernseh sin schöne Wiederholunge komme. Des „Frühstück bei Tiffany" oder „Die Meuterei auf der Bounty" kann ich immer widder seh. Ich guck gern Wiederholunge. Es isch selte, dass mer im richtige Lebe zwai Stund im voraus waiß, was passiert. Ich genieß des beruhigende G'fühl. Un falls ich mittedrin ei'schlof, muss ich mich net ärgere, weil ich s'End sowieso scho kenn. Ich versteh net, was d'Leut gege Wiederholunge habe. Un gege die November-winter. Nach'm Wintersportbericht soll's im Schwarzwald e paarmol g'schneit habe. Bis in mittlere Tallage. Gott sei Dank könne mir net skilaufe. Sonscht wäre mer vielleicht doch mit dem große Haufe fortg'fahre. So habe mer unser Ruh g'habt. Bis zu dem Sonndagmor-ge vor drei Woche. Schlagartig war's vorbei mit de Ruh.

De Frühling isch komme wie e Razzia. Als hätt e himmlisches Rollkommando in'me schummrige Kabuff d'Vorhäng runnerg'risse un mit Trillerpfeife gepfiffe: Alles raus! D'Sonn scheint, de Lenz geht los! Hopp, hopp, Bewegung, ihr Schlaffsäck! Aktiv sei, was mache! Dehaim sterbe d'Leut!

Jetzt isch de Himmel blau wie e Sultanszelt. D'Dächer leuchte ziegelrot, de Bach glitzert grell. Aus jedem Stückl Holz mit Wurzle drückt s'Grün. Wie weiße und rosa Blumesträuß stecke d'Obstbäum in de Wiese. Plötzlich stecht d'Sonn durchs Hemd un schleckt de Kinner s'Eis weg. Die schwarze Krächzvögel sin aus de Stadt verschwunde, un die bunte, stimmbegabte Vogelsorte sin komme. Nur d'Spatze un Taube sin nach dem Schichtwechsel gebliebe. Die könne nix, net krächze, net singe. Solche Vögel bleibe immer. Die wird mer nie los. Zwische de Stühl vom italienische Straßencafé Venezia picke se d'Brocke vom Tiramisu aus de Ritze. Verkäuferinne un Bürodame sonne sich dort in de Mittagspaus. Sie zupfe ihre Röck über d'Schenkel un seh'n durch des bissl freie Haut so nackt aus, dass d'Männer ins Stolpere komme, weil se net konzentriert weggucke könne. Nach dem ewig lange Novemberwinter isch mer diesbezüglich bei fremde Fraue nix mehr g'wöhnt. Vor'm Poseidon winkt mich de Jannis zu'me frühe Ouzo an de Ecktisch beim Ei'gang. S'Licht isch hier nie wie in Thessaloniki, aber jetzt isch's wenigschtens e bissl ähnlich. Der Herr Sirin reißt schwungvoll e Papiertüt für holländische Treibhaustomate vom Hake un hat seine Mandle los. Jetzt lacht er so e herzlichs „Merhaba" über d'Gass, dass seine drei Goldzähn in de Sonn blitze. Plötzlich isch Izmir nimme so weit.

Am Wocheend kann mer jetzt nimme grad dehaim bleibe un nix mache. Von wege nochmol ins Bett schlupfe, fernseh, dicke Bücher lese, womöglich d'Läde unne lasse. Mer käm sich direkt g'mütskrank vor, wo alles g'sellig in de Natur drauße rumspringt un d'Freizeit g'staltet.

Stundelang überlege mir beim Frühstück am Sonndag, was mer bei dem schöne Wetter mache könnt. Bis es für alles, was mer gern g'macht hätt, zu spät isch. Seit drei Woche freue mer uns uff die Radtour, die mer heut morge widder verschobe habe. S'hätt sich nimme rentiert. Zudem hat d'Ruth am Horizont e Wölkle mit'me graue Rand entdeckt. S'Wetter sei net echt, hat se g'maint. Mit'me bedauernde G'sicht, aber innerer Erleichterung, hab ich zug'stimmt. S'könnt umschlage, zum Regne komme, sogar e G'witter sei drin. Vor G'witter hat d'Ruth Angscht. So habe mer erschtmol sitze bleibe könne, un ich hab net zum Radflicke runner in de Keller müsse. Sonndagsmorgens vertrag ich alles, bloß kai Hektik. Des Wölkle isch irgendwann vorbeig'segelt, oder de Wind hat's verzupft. Der Himmel isch immer blauer wore. Der Dag isch uns raus. Aber wie! Also sowas wie heut derf uns nimme passiere.

Gege halb elf sitze mir schon e Stund am Frühstückstisch, gähne un gucke raus. D'Ruth im Badmantel mit're schlecht abg'waschene G'sichtsmask. Ich in de Unnerhos un im Muskelshirt, des mir net b'sonders steht. Beim Tchibo hab ich's aus Versehe gekauft. Weil's günschtig war, hab ich glei vier mitg'nomme. Erscht beim Auspacke hab ich g'merkt, dass es kaine kurzärmelige T-Shirts, sondern so Muskeldinger ware. Aber für dehaim geht's. Mir trinke Sekt mit Orangesaft für de Kraislauf. De Pavarotti singt so wunderbar, dass mer Gänsehaut kriegt. D'Sonn scheint durch d'Scheibe, die mol widder geputzt g'höre, uff de Scheiblettekäs un die Trümmer von de Vierminute-Eier.

Dynamischer Freizeitbetrieb drauße. Eine FitnessG'schaftlhuberei wie im AOK-Heftle. Rudel von Radfahrer in grellfarbige Trikots un Glanzstrumpfhose strample vorbei, schüsselförmige Hartschale über die rotverschwitzte Köpf g'schnallt. Ohne so Dinger traut sich anscheinend heut niemand meh, en Achter zu fahre. Die Sorg ums Hirn greift um sich. Unner signalrote Wimpel trepple d'Kinner mit, wie stramm uffgezogene Spielzeugäffle. Ganze Verbänd von befreundete Radlerfamilie ziehe vorbei. In überdachte Kärrele kugle Säugling rum, nuckle an de Schoppeflasche. Oder sie brülle, weil se bei dem Gehoppel mit de Schnuller ihre Münder net treffe. Am Eiscafé wird abg'sesse. Die Rudelführer krame in ihre umg'schnallte Gürteltasche, die Banane haiße, nach Geld. So e Bananetäschle sei e praktische Sach. Sowas sollte mir uns zulege. Für unser Radtour am kommende Sonndag, sagt d'Ruth. „Ja, wahrscheinlich", brumm ich, „un dann noch so Handschuh, e aerodynamische Sonnebrill, so Glitzerklamotte un en Topf mit Sturmrieme über de Kopf. Vielleicht noch e Trinkfläschle mit Energieg'söff am Rahme. Red Bull. Dass mer net a'halte muss, wenn mer Durscht hat. So schiebe mer unsere Supermarkträder mit Torpedo Dreigang-Nabeschaltung de Spessarter Buckel hoch. S'müsst großartig ausseh. „Mir diskutiere bis gege zwölf. Die Deutsche hätte e Vorliebe für kapselartige Kopfbedeckunge, uniformiertes Auftrete un die passende G'sichter dazu, behaupt ich. Ich deut zum Beweis aus'm Fenschter. „Guck mol, sieh'sch du jemand, der ohne so e Schüssel besser ausseh däd? Die steht doch jedem!" – „G'schwätz!", ärgert sich d'Ruth. De Käs g'hört in de Kühlschrank.

En Marschtrupp von knorzige Seniore schwenkt beim Tabak- un Zeitschriftelade um d'Eck. Kniebundhose, Wadeströmpf, derbes Schuhwerk, Älplerhüt, Rucksäck, feldgraue Windjacke, Ferngläser. Wanderstöck zirkle voraus durch d'Luft. Wanderkamerade vom alte Schlag, kurz bevor se ins gemainsame Singe ausbreche. Wir lieben die Stürme un so weiter. Vielleicht de Schwarzwaldverain.

Tempo dreißig. Aus langsam vorbeirollende Blechkischte rumpelt immer d'gleich Musik. Disco. Oder Hardrock. Die Bassschläg haue dumpf un monoton in de Mage, wo mei Vierminute-Ei verdaut. Sauriernerve müsse die habe. Manchmol Rap. So'n verhetzte Negersprechg'sang, den niemand so richtig versteht. Egal. S'isch halt e Lebensg'fühl. So e Bürschle trommelt mit de Hand uff's Dach von sei'm Schrott-BMW. Ärm wie'n Aff. UNIVERSITY OF COLUMBIA steht uff sei'm Fetzehemdle. D'Amischildkapp hat er verkehrtrum uff'm Kopf. Ringle im Ohr, klar. Derf net fehle. Des passt prima zu dem dicke Baurebubeg'sicht. Er gibt dauernd Standgas, weil's net weitergeht. Durchs Seitefenschter spuckt er uff's Trottoir. Mir platzt de Krage. „Bi'sch du net ganz gebacke, du Hohlblock! Stell den Radau leiser! Do wohne Leut, kultivierte Mensche, die klassische Musik höre! UNIVERSITY OF COLUMBIA – dass i net lach! Was du dort studiert habe will'sch, des däd mich wirklich mol int'ressiere!" – so hätt ich wahrscheinlich über de Vorgartezaun gebrüllt, wenn mich d'Ruth net rechtzeitig am Zipfel von mei'm Muskelhemd gepackt hätt. „Was ha'sch denn, Fritz? Warum bi'sch denn plötzlich so aggressiv?" – „Ich? Aggressiv?", schrei ich z'rück un zünd mir e Zigarett a. In drei Minute isch se g'raucht.

In offene Jeeps turnt uffgekratztes Jungvolk rum. Ein Gekicher un Gehopse. Die lache sich über jeden Scheißdreck dod. Wie Schokoriegelesser un Colatrinker aus de Werbespots. Fahre mit'm Fun-Car vom Daddy zum Barbecue an d'Baggerseebeach. Für die isch d'Welt en Amüsierbetrieb. „En krankhafter Bewegungsdrang. Bloß net beim Schaffe!", hör ich mei Stimm in d'Kaffeetass' schimpfe. Ich krieg en Schreck. Mir isch's, als hätt mein Vadder grad g'schwätzt.

Bei Cabrioletfahrer guck ich prinzipiell weg. Ich spiel für die net s'Publikum. Beim erschte Sonnestrahl reiße die s'Verdeck runner, nur weil annere des net könne. Die fahre net, um irgendwo a'zukomme, sondern führe vor, wie se fahre. Lache mit ihre Lederhaube un Leinekäpple souverän in d'Landschaft, un vom Hals abwärts schlackere se vor Kälte mit de Knoche. Die mache so, als däde se de Fahrtwind genieße, ohne zu friere. Gucke net links un net rechts. Wärme sich aber an jedem bewundernde Blick. Ich guck jedenfalls net.

Manchmol müsse mer über de Tisch schreie. Hornisseschwärm von Motorradfahrer, gepanzerte Turnierritter ohne Lanze. D'Ideallinie in de Kurve un ihr Drehzahlmesser isch für die s'Naturerlebnis. Die sin mir trotzdem irgendwie sympathischer als die Cabriolet-Herrschafte. Vielleicht, weil se wenigschtens was G'fährliches mache un debei net groß gucke könne, ob se g'seh were. Langsam bullert e Formation Chopper vorbei. Des isch widder e annere Sort. Die liege nach hinne.

In Rückwärts-Kippstellung, d'Cowboystiefel seitlich hochg'streckt, d'Händ weit obe. Fahre durch d'Gegend wie uff'me französische Plumpsklo, wo se mit baide Händ d'Tür zuhalte müsse. Manche seh'n aus wie'n Schnappschuss von dem Moment, wo grad de Haltegriff reißt. So'n Kerl winkt uns zu. Lederjack mit Franse. Harley Davidson. Mir sehe unser Hausfassad in seiner Sonnebrill. E dickes, gutmütiges G'sicht mit gequetschte Backe unner'me amerikanische Polizeihelm. Er schiebt d'Brill hoch un lacht. Mir winke. „Des isch jo de Lämmle Wolfgang vom Finanzamt!", sagt d'Ruth. „Markiert der alte Kerl noch de Easy Rider. Hängt nach'm Amt s'Krawättle in de Schrank un schlupft in d'Lederstrumpfmontur. Typische Jungg'sellefürz." – „Ach Gott, wenn's ihm Freud macht un er's g'sundheitlich noch packt", sag ich e bissl neidisch.

Ich kratz de Zucker aus de Tass'. „Des ware Zeite", fang ich a zu verzähle, „als ich Ende der Sechziger mit de 350er Horex, nur mit de Pudelmütz un de Bleyle-Strickjack, Ölzeug gege de Rege, in Urlaub nach Tossa de Mar ..." „Ja. Un bei Rastatt isch dir scho de Gaszug g'risse", winkt d'Ruth ab. Also des hätt i scho öfter verzählt. Ich bin en Augeblick belaidigt. E gute G'schicht kann mer immer widder höre. „Überleg dir lieber, was mer mache", sagt sie.

Zwölfe vorbei. De Käs g'hört immer noch in de Kühlschrank. S'Nachbars komme vom Tennisspiele. Er humpelt leicht, der A'geber. En Jogger kommt grad noch zu're Bank, lasst sich dort erschöpft un durchblutet falle. Er hat sei Laufpensum für heut erledigt. Sein Kopf dampft. Ich frier e bissl. In de Küch schlürft d'Kaffeemaschin. De zwaite Durchgang isch fertig.

Alle sin aktiv. Nur mir net. Un die ausländische Mitbürger. Die mache a net viel. Die Türke g'stalte ihr Freizeit anscheinend überhaupt net. Mit orientalischer Gemütsruh spaziere die durch d'Stadt. In g'schlechtergetrennte Familieverbänd, die sich irgendwie bewährt habe müsse. Alle sin normal a'gezoge. Freizeit-Look kenne die net. Ich hab noch nie en Türk in'me kurze Hösle oder luftige Fußbett- sandale in de Stadt g'seh. In'me Joggingdress könnt ich mir de Herr Sirin net vorstelle. Un um de Jannis als Sportler zu erlebe, müsst jemand schon e größere Zech prelle. Ohne zwingenden Grund renne die net. Die marschiere a net ziellos un zweckfrei durch d'Gegend, bloß wege de Natur. Wandere muss für die en dumpfer deutscher Drang sei, e nationale Zwangsneuros. Für de Sirin isch d'Natur en Ort zum Ausruhe. Des kann e Grasnarb nebe'm Glascontainer zwische de Wohnblöck sei. Nur en Baum braucht er, der Schatte macht. Dort wird gebrutzelt, g'esse, mit de Kinner g'spielt, g'schwätzt oder g'schlofe. Manchmol repariert er mit de Söhn de Transit vom G'schäft. Sie baue s'Getriebe aus. Aber net zum Spaß, sondern weil's kaputt isch un während de Woch kai Zeit bleibt. Sonscht lasse die ihre Wocheende aifach verstreiche. Ohne unnötige Bewegung un Ortswechsel. Dene langt's, wenn d'Sonn wandert. Bei uns geht des net. Mir könne net rumsitze, ausruhe un Pischtaziekern kaue, während unser Freizeit unorganisiert abläuft. Mir müsse halt was mache, wenn mer net schaffe. Unserains braucht e Hobby, en Sport, halt irgendwas, wo mer schwitzt beim Entspanne.

Endlich stellt d'Ruth de Käs in de Kühlschrank. Zwische Küch un Wohnzimmer rufe mer hin un her. „S'isch halb zwai! Bis mir fortkomme, brauche mer nimme fort!" „Sag doch du mol, was mer mache!" – „Wieso ich? Mach du en Vorschlag!" – „Mir isch's egal. Von mir aus könne mer alles mache." – „Hör zu, wenn mer noch e Weil rummache, brauche mer sowieso nimme fort. Dann könne mer dehaim bleibe!" – „Dehaim bleibe? Warum net? Ich sollt eh meine Belege fürs Finanzamt sortiere. Mir könnte's uns uff de Terrass' hinne g'mütlich mache." – „Scho widder?"

Aus de Küch kommt kai Antwort meh. Ich lehn mich behaglich z'rück. D'Ruth geht ins Bad. Im Vorbeigeh stellt se d'Kaffeekann ab. „Bei dem schöne Wetter sollte mer wenigschtens e bissl an d'Luft geh", sagt se. S'war mir klar, dass des kommt.

An d'Luft geh. Dass mer an de Luft war. Des isch kai Programm. Des haißt nur net dehaim bleibe. Wie oft sin mer scho an d'Luft g'ange un habe vor de Tür Krach kriegt, weil mer net g'wusst habe, was mer dort mache solle. Oft geh'n mer dann kopflos spaziere, dass mer e bissl an de Luft ware, bevor mer in'me Lokal was esse. S'isch a scho passiert, dass mer nur e bissl an d'Luft wollte un acht Stunde weg ware. Überall, nur kaum an de Luft. So geh ich nimme aus'm Haus. D'Ruth setzt sich mit ihrem Nagellackzeug widder an de Tisch. „Also, was mache mer?"

Bissl fortfahre? In de Schwarzwald? Zu überlaufe. D'Pfalz? Hätte mer plane müsse. Bevor ich e halbe Flasch Schampus trink. Ich muss ja fahre. Was soll en Mensch in de Pfalz, wenn er zum Saumage Sprudel b'stelle muss? Nach Straßburg runner? Durchs Petite France bummle, dass mer an de Luft war un abends uff de Haimfahrt Hunger hat zum irgendwo ei'kehre. „Bis mir dort sin, isch d'Sonn weg", sagt d'Ruth. Immer hat se Angscht, dass d'Sonn nimme da isch, bis mir komme. Ich muss zugebe, oft hat se recht. S'hat uns allerdings noch nie g'stört, dass die Sonn weg war, wenn mir erschtmol irgendwo ware. In de Kraichgau könnt mer fahre. Wär net weit. Halbe Stund. Dort hätte mer noch was von de Sonn. Paar Meter wandere. Im Wald. Picknick mache. Im Kühlschrank isch g'nug Zeug, des weg muss. Mir mache's wie unsere Türke! E prima Idee! Nur e Flasch Riesling nemme mer mit. Den kühle mer im Bachbett. Un s'Federballspiel un d'Frisbee-Scheib. Un Bücher. Un s'Schachspiel.

Mir hätte's beinah gepackt un wäre fortg'ange. Ich hab scho überlegt, wo die Frisbee-Scheib sei könnt. D'Ruth hat nach de passende Schuh für schweres Gelände, geteerte Wege un elegantere Böde g'sucht. Genau wisse mer ja nie, wo mer lande, wenn mer e bissl an d'Luft geh'n. Aber s'wär eh zum erschtemol g'wese, dass se s'richtige Schuhwerk debei hätt. Plötzlich – grad will ich uffsteh – steht se mitte im Zimmer, de Badmantel offe. In de linke Hand hat se ihre Wanderstiefel ohne Bändel, rechts zierliche Schuh mit hohe Absätz. Ich trink en Schluck Sekt ohne Orangesaft. Für de Kraislauf.

Im Wald könnt mer net gut laufe. S'hätt doch viel g'regnt zwischedurch in de vergangene Woch. Zwische Pfütze rumhopfe? S'Gras sei noch nass. Mit Sicherhait sei a de Bode noch zu kalt zum Sitze. Zu früh für e Picknick. Zum Federballspiele sei's zu windig. Ich nick jedesmol. Mir sitze widder. Ich blätter im Lokalblättle. Überall isch was los.

Biergarte-Eröffnung mit Dixielandmusik. S'isch vorbei. Egal. Dort wär mer a bloß rumg'hockt. Dehaim sin mer g'mütlicher g'sesse. Brunch im Hotelgarte vom Scandic Crown. Bis mir mit'm Breakfast fertig sin, isch dort sogar de Lunch vorbei. Matinee mit Texte von Ringelnatz un Jazz. Im Foyer vom Badische Staatstheater. Wär was g'wese. E Soiree. Frühlingsfescht vom hiesige Haseverain. S'gibt Hasebrate. D'Ruth zappelt mit de Finger. Ob ich ihr bitte de Badmantel über d'Schulter ziehe könnt. Ihr Nagellack sei noch net trocke. „Danke." Mir könnte überhaupt s'Auto steh lasse un mit de Stadtbahn nach Karlsruh fahre. Umweltbewusst. Stadtbummel mache. Schaufenster a'gucke. Ihr Idee geht mir so gege de Strich, dass ich sofort schwerer im Sessel sitz. „Wie e alt's Ehepaar", sag ich beim Gähne.

Mir könnte jemand besuche. Freunde überfalle. Spontan. Die sage doch immer, des sollt mer öfter mache. Uff'n Sprung vorbeikomme. Ohne vorher a'zurufe. Dass mer'ne wenigschtens d'Vorfreud uff'n ruhige Sonndag net verderbt. Wenn se Glück habe, sin se fort, dann habe mer Pech g'habt. Ich blätter d'Adresse in mei'm Notizbüchle durch. Alphabetisch les i vor. Bei Wiedemann-Kalkreuther schreie mer wie aus ai'm Mund: „Um Gottes wille, die net scho widder!"

Der Ausflug ins Elsass steckt uns noch in de Knoche. Die Doris un der Tassilo. Mit ihrem pubertätspicklische Lars, den se g'waltsam mitschleppe. Natürlich wehrt sich der Kerl uff sei Art. Der kann ai'm nur durch d'Körperhaltung un se Beißzangeg'sicht fertigmache. Des entspannt sich erscht wenn er's g'schafft hat, dass die Alte wege ihm Krach kriege. Des isch kai Problem für den. Dann laufe die mit solche Beißzangeg'sichter rum. „Herrgott, hat der uns in dem vornehme Lokal blamiert!", erinnert sich d'Ruth. „Also bei dem Rülpser hätt er von mir e Maulschell g'fange, dass'm s'Käpple über de Tisch g'segelt wär. Für mich wär des so e Art Notwehr g'wese. Aber des mache s'Studierats natürlich net. Die bechere dehaim lieber drei Bordeauxflasche leer un schlofe getrennt. Er im Arbeitszimmer. Sie halt dort, wo se grad isch." – „Im Grund kann der Lars nix defür. Der Bu will nur nimme mit. Mit seine Kumpels im Burger King hätt der ganz normal g'esse."

Mir diskutiere e halbe Stund über Erziehung. Mei Feuerzeug liegt bei W im Notizbuch. S'isch uns nimme nach Leut b'suche. Mir müsse baide in de Woch schwer schaffe. S'Wocheend brauche mir zur Erholung.

In der Beratungsphase greife mir immer erleichtert uff de Minimalplan zurück. Nur kain Freizeitstress. Es wird beschlosse, dass mer uns vorläufig erschtmol in aller Ruh zum an d'Luft geh fertigmache. Debei könne mer immer noch überlege, was mer mache. Nach der lange Sitzerei kommt e beinah beschwingte Bewegung in die Szene. Ich lass unser Frühstücksg'schirr routiniert in d'Spülmaschin rutsche. Es klingt, als ob alles in Scherbe wär. Wie immer kommt d'Ruth in d'Küch g'saust. „Isch was passiert?" – „Ach was, ich mach nur e bissl Ordnung." – „Könntsch mir de BH zumache?" – „Klar. Wart. Warum geht denn des net?" – „Lass, ich mach's selber, bevor …" – „Geduld. So, jetzt. Uff geht's leichter. Zack! Sieh'sch?" – „Was soll des, Fritz?" – „Müsse mir überhaupt fort? Mir könnte doch …" – „Nix. S'geht an d'Luft. Wenigschtens e bissl."

Ich bin soweit. D'Ruth versucht, sich a'zuziehe. Des dauert, aber mir habe jo Zeit. Ich zieh nochmol s'Hemd aus zum en Knopf a'nähe. „Mir könnte Richtung Weiher marschiere. Dort isch uff halbem Weg e Wirtschaft, wo mer vielleicht sogar im Freie sitze kann." – „Bis Weiher sin's doch bloß drei Kilometer." – „Na und? Macht des was? Will'sch du wandere? Zum d'Füß vertrete langt's. Dass mer an de Luft war." D'Ruth erscheint laufend in verschiedene Klaider. „Main'sch des geht?" – „Ich denk scho." – „S'wird frisch sei. Ob ich e Jack mitnemm?" – „S'wär besser. Ich trag se." – „Guck mol, passe die Schuh zum Rock?" – „Einwandfrei." „Ich brauch u'bedingt was für de Übergang. Isch des zu sommerlich?" – „Ich glaub net." – „Also friere will ich net. Ich zieh besser e Hos un en Pullover a un lass die Jack dehaim." – „So machsch's." – „Wenn mehr rausguckt, sieht's warm aus. Des täuscht manchmol um die Jahreszeit." „Wart, ich geh kurz uff de Balkon un guck, ob's wirklich so warm isch, wie's aussieht", sag ich un mach en Schritt raus.

Ich duck mich sofort weg un lass mich hinner s'Balkonmäuerle falle. Uff Knie un Elleboge robb ich z'rück ins Zimmer. „Jesses, Fritz! Was ha'sch denn? Widder de Ischiasnerv?", ruft d'Ruth verschreckt. „Kopf runner! Weg von de Gardin!", zisch ich un zieh se am Klaid uff de Bode. „Bi'sch du verrückt? Des reißt doch …?" Blitzschnell liegt mei Hand über ihrem Mund. „Pscht! Ganz ruhig! Net bewege!" – „Wa'schn'los?" – „Wiedemann-Kalkreuthers. Grad in d'Straß ei'gebroge. De Lars debei. Im Wohnmobil." – „Habe se dich g'seh?" – „Ich glaub net." Mir flüschtere, als könnt mer uns drauße höre.

Mit'm Rücke an de Haizung unner'm Fenschter hocke mer uff'm Teppich un warte. Es schellt. Mir zucke z'amme, obwohl mer druff g'fasst ware. En Moment isch Ruh. Dann nochemol un dringlicher. Mir halte uns bei de Händ, schnaufe kaum. Es klingelt Sturm. D'Ruth hat sich lang uff de Bode g'legt un halt sich d'Ohre zu. „Solle mer net uffmache?" Ich schüttel de Kopf. „Jetzt erscht recht net!" Ein rhythmisches Schelleinferno. Da-da – dadada … „Herrgott, so eine Unverschämthait!", fahrt's aus mir raus. „Die müsse doch langsam kapiere, dass mir net dehaim sin! Sonscht hätte mer nach dere Schellerei doch scho uffg'macht!" Endlich isch Ruh. Mir lauere g'spannt. Fühle uns wie belagerte Burgbewohner. Nix meh. „Sie habe's uffgebe. Sie ziehe ab!", triumphier ich. Fehlt noch s'Motorgeräusch als endgültige Entwarnung. Aber es kommt net. Ich leg mich nebe d'Ruth. Plötzlich uff de Türschwell die Baseballschlappe. Verschnittene Jeans. Des Pickelg'sicht. De Lars stottert, wie er uns so sieht. De Vadder hätt'n g'schickt. Über d'Terrass'. Unser … unser Auto in de Garage. Müsste dehaim sei, hätt er g'sagt, de Vadder. Unser Lache hat sicher blödsinnig ausg'seh. Mir habe die Situation aber ganz clever überspielt un so g'macht, als däde mer uff'm Bode was suche. „S'isch net viel g'wese. E paar Zehnerle. Die sin verrollt," zwinker ich rüber zur Ruth. Die reagiert sofort. „S'Haus verliert nix. Beim Putze wird's widder ufftauche." In dem Augeblick schiebt de Tassilo sein Sohn beiseit, kommt mit energische Schritt ins Zimmer. „Oh, habe mer euch bei was g'stört?", lacht er un boxt mir an de Oberarm, wie ich grad s'Hemd in d'Hos

40

stopfe will. „Auf geht's, ihr Stubehocker! Wie wär's mit'me Elsass-
fährtle?"

E Viertelstund später sitze mer im Wohnmobil, wo mer net rauche
derf. Ich vorne nebe'm Tassilo. D'Fraue hinne am Tisch. De Lars starrt
mit verbissener Ausdruckslosigkait aus'm Fenschter oder durch uns
alle durch. Mir komme uns vor wie Geiselnehmer. In Straßburg will
er net aus'm Auto. Des Münschter, Gerberviertel, alte Häuser. „So'n
Scheiß", sagt er. Dann kommt er doch raus, weil'm die Doris en Big
Mac bei Mac Donald's versprecht. Alles muss warte, bis er mit so're
Schachtel aus dem Lade kommt. In zwai Minute isch des Ding weg
un s'T-Shirt versaut. Mir spaziere an de Ill entlang. Er fuffzich Meter
hinner uns, aber s'isch net zu überhöre, dass er e Colabüchs vor sich
her kickt. De Tassilo nemmt se'm weg un wirft se in en Müllbehälter.
Die Stimmung spitzt sich zu. Bis mer uff de Haimfahrt in de Alte
Mühl in Lauterburg ei'kehre.

De Lars will nix esse un nix trinke. Kain Hunger. Kain Durscht.
Pepsi-Cola trinkt er net. „Schmeckt beschisse." D'Doris versucht'n
zu überrede, wenigschtens e Klainigkeit zu bestelle. Sie lest'm aus
de Speisekart Sache vor, die'm normalerweis schmecke müsste.
Er zieht e verekelt's G'sicht un schüttelt de Kopf. „Herrgott, lass'n
doch! Dann frisst er halt nix!", schimpft de Tassilo g'fährlich laut
beim Kaue. „Tasso bitte! Sei net so ordinär!", wird er von de Do-
ris ermahnt. De Lars kratzt mit de Gabel uff'm Tisch rum. Beiß-
zangeg'sicht. Mir gebe uns Müh, ihn zu ignoriere. Krampfhaft
suche mer heitere G'sprächstheme, lache sogar, aber s'klingt arg
nervös. S'isch erstaunlich, wie jemand, der kaum was macht, so
präsent sei kann.

De Hauptgang kommt. „Wann geh'n mer endlich?", fragt de Lars
zur Deck hoch. Mir sin beinah fertig mit Esse, do fallt'm ei, dass er
doch Hunger hat. Heftige Diskussion zwische Doris un Tassilo, ob er
noch was kriegt. An de umliegende Tisch sin d'Leut uff de Ausgang
g'spannt. De Lars kriegt sei Lendesteak mit extra viel Pommes. Un
e großes Pepsi. Un dann passiert's. Vielleicht hat er nix defür könne.
Aber des isch zu dem Zeitpunkt nimme wichtig.

Mit'm Handrücke schmeißt er s'Glas um, wie er zum B'steck greife will. Die braune Brüh schwappt über de Teller un überschwemmt mit de Soß z'amme de halbe Tisch. Von der lang z'rückg'haltene Maulschell isch'm Lars die giftgrün g'färbte Stirnlock über d'Nas g'falle. Er lasst sei B'steck in de Teller falle un rennt raus. D'Doris hinnerher. „Spinn'sch du?", faucht se den arme Tassilo a. Der isch leicheblass. Er müsst an d'Luft, sagt er. Beim Fortspringe schmeißt er en Stuhl um. Ich stell'n hoch. „Zahl'sch du mol, Fritz? Ich geb's dir drauße."

Ich sitz mit de Ruth wie uff're Theaterbühn. Ich wink de Bedienung. Sofort steht se am Tisch. Hat sogar schon d'Rechnung g'macht. Ziemlich genau siebehunnert Francs. Des Geld seh ich nimme. In solche Situatione isch Geld Nebesach. Die verdrängt mer später un s'Bezahle glei mit. Egal jetzt. Hauptsach raus an d'Luft. Weg von de Öffentlichkait.

D'Doris hockt nebe'm Lars uff'me Zierfelse am Parkplatzrand. Sie hat ihren Arm um ihn g'legt un schüttelt beschwichtigend sei Schulter, straichelt ihm de Hinnerkopf. Den Tassilo, den arme Deufel, straichelt niemand. Es könnt sei, dass er's in dem Augeblick garnet vertrage hätt. Er sitzt im Wohnmobil, d'Händ am Lenkrad, un guckt stur gradaus, als müsst er durch en dichte Nebel fahre.

Zum Glück war d'Haimfahrt net lang. Halbe Stund. Niemand hat was g'schwätzt. Sie habe uns dehaim abg'setzt. Bei laufendem Motor. De Tassilo hat an sei'm Steuer mit de Schultere gezuckt. S'däd ihm laid. Ich hab abg'winkt. „S'isch in Ordnung. Kai Problem." Mei siebehunnert Francs sin mer ei'gfalle. Ich hab nix sage wolle.

S'isch dunkel. Ich sitz am Fenschter. Dort, wo de Dag a'gfange hat. Endlich Ruh. Abschalte. Ich trink noch e Glas Wein un guck aus'm Fenschter. D'Ruth hat ihre Schuh wegg'schleudert un sich uff d'Couch falle lasse. „Des garantier ich dir", sag ich, „am nächschte Sonndag geht's zeitig raus. E zügiges Frühstück. Dann an d'Luft. Nur du un ich. Bi'sch du a so fertig, Ruth?"

Tour d'Alsace

Für René Egles

Je m'appelle Werner
c'est ma femme Waltraud
nous sommes des allemands
comment allez-vous?
merci beaucoup
s'il vous plaît
paar Brocke français
sin hänge gebliebe
aus de Realschulklass
chante l'alouette / chante l'alouette
habe mer gebrüllt
en Ausflug ins Elsass
c' est un tour d'Alsace
c' est dimanche
il fait beau
il fait chaud

von Kehl via Strasbourg
nach Krautegersheim
Capitale de la Choucroute Krautkopfhauptstadt
Route de Vin
Obernai
im Cygogne
sitzt mer gut
beim Schoppe Sylvaner
mit de Schwobe
Hollandais
Americains
un Japaner

s'isch e bissl laut
un peu babylonien:

Desirée! – J'arrive!
the bill, please
what is koukoriesling?
chicken in white wine
cänjüspiek more slowlie, madame?
in de Vogese g'wä
American Express, mais oui
Marc de Gewürz, voilà
sind mit dem Campingbus hier
haben die Räder dabei
dessert? fromage? coffee? – rien
Jänseleberpastete
janz typisch für dat Elsass
Bäckeöffe, smakt't lekker?
Jeanette! Schanätt!
die soup de poisson wird kalt
am quatre bei de non-fumeurs
fehlt poivre un e fourchette
payer Frollein, zahle Madam
in Mark, s'il vous plaît bitte
ne, da stimmt was nich
nochmal alles durchgeh'n
was hatten wer denn?
bonne soirée
a nice evening
Desirée! – J'arrive!
Schanätt! – Ich kumm!

hoppla, uff d'Gsundhait
merci, s'isch güt g'sin
hör ich dort nie

zuerscht bien manger
dann spazieregeh
wege de digestion
verdauungshalber
durchs Vieux Quartier
la ville historique
s'isch très romantique
Fachwerkfassädle
Souvenirlädle
alles mit -ädle
s'hat so e Flair
als ob's toujours
von geschtern wär
Salon de Thé
Agence Immobilier
g'mütliche Winstüble
mit Ami Fritz-Püpple
Mac Donald dezwische
des antiquités
s'gibt viel zu seh

Spinnrädle aus Müetters Stübele
die ganz Poterie de Soufflenheim
Gläser mit g'schliffene Trüwele
Förmle für Gugelhüpf
Aschebecher mit de Sainte Odile
Trachtefigürle mit schwarze Schlüpf
d'r Hans im Schnoogeloch
im rote Sonntags-Gilet
Elsassstörch en plastic de Taiwan
Trockeblume mit vergoldete Nüss
pour les touristes im Otobüs
die noblere Chinoiserie
isch für d'Messieursdames

aus Lyon un Paris
Wanduhre un Kirchebänk
alte Truhe, Baureschränk
von de ferme in de Vosges
sin für's Ferie-Chalet
in de Franche Comté
vom Oberstudierat Bosch

Japaner filme Japaner
vor'm Hotel Diligence
ich sitz immer noch
in de rue beim Sylvaner
d'Sonn kippt übers Dach
de Schatte vom Haus
steigt peu à peu
vom Gürtel zum Hals
an mir hoch

e Liebespaar schmust noch
bei de Fontaine Sainte Odile
im Mondlicht über'm Platz
von de Mairie schlagt's onze heures
ich bin seul dans la ville
s'gibt nur noch mich
un e schwarze Katz
d'Kellner rauche
endlich isch Ruh
de Patron macht d'Kasse
dreht s'Schild – fermé
s'Elsass macht zu

D' Haberschlachter Lesung

Kürzlich bin i in de Landeshauptstadt g'wese. G'schäftlich. Zum Vergnüge fahrt kain normaler Mensch nach Stuttgart. Höchschtens wege de Kinner in d'Wilhälma. D'Menscheaffe a'gucke. Aber des isch a net unbedingt e Vergnüge. Mer verschreckt eher, weil die Kerle ai'm manchmol so ähnlich sin, dass mer d'Gitterseit verwechsle könnt. Es isch ai'm direkt e bissl peinlich, dass die ei'gsperrt sin, wo mer selber frei rumlaufe derf. Aber um die Stuttgarter Affe geht's jetzt net.

Nach vierzig Minute bin i aus 'm Intercity g'stiege un bin mir vorkomme wie uff're Fernrais. Mentalitätsmäßig. Also von de Leut her. Es isch zugange, als sei der Mercedes-Stern uff'm Bahnhofsturm e Antenn, die jedem laufend ins Hirn funkt: Zeit isch Gäld.

D'Klettpassage isch en Knotepunkt in dem schaffige Amaise-haufe. Alle renne, als hätt e Alarmglock g'schellt. Zu de U-Bahne. Zu de S-Bahne. Die Rolltreppe hoch un runner. Digitaltafle knattere, Zahle kippe. Kärtle were verkehrt rum in Schlitz g'steckt un 's funktioniert net. Automatiktüre verklemme Leut, die zu spät komme, un klappe in Gotts Name mit'me wütige Schnaufe nochmol kurz z'rück. Von hinne wer i g'rempelt. Do wird net g'schlendert!

Des isch halt net wie in deim schläfrige Karlsruh, hab i mir g'sagt. Du bisch in're Großstadt. Des isch die schwäbische Rush Hour.

Vor'me Schnellimbiss rutsch i uff'me Pommfritle aus. Ich könnt e Klainigkait esse. Zum Akklimatisiere. An'me Stehtisch trink i e Viertel Haberschlachter un ess Maultasche in de Brüh. D'Hackflaischfüllung isch landesüblich mit Spinat g'streckt. Schmeckt aber net schlecht. Durch die Glaswand betracht i den Betrieb drauße. Des Gewimmel, die metropolemäßige Hektik, der Verkehr un die High Technology, d'Calwer Passage, s' Theater mit sei'm Ballett, d'Staatsgalerie, de Fernsehturm, Mercedes, de Flug-hafe – s' isch alles do. Aber irgendwas stimmt net. D'Atmosphäre fehlt. Des Stuttgart könnt e Großstadt sei. Wenn d'Leut net wäre.

Die Stadt isch zu groß für d'Leut. Für e Atmosphäre hat die Bevölkerung kai Zeit un kai Talent. Gege den Menscheschlag isch kain Beton g'wachse. Der macht jede Umgebung ländlich. In dem Stuttgart prickelt kai Flair. Defür hat alles en solide G'schmack nach Mauldäschle un Haberschlachter. Un e säuerliches Beig'schmäckle. Nach Schaffe. Nach Gäld. Nach Bauspare, Sach z'ammehalte. Kai Wunder, dass es die Leut im Läbe zu was bringe. Aber für e g'scheite Großstadtatmosphäre kann mer die net brauche. Für sowas Luftigs wie e Flair sin se direkt Gift.

Am Nebetisch stellt en g'schleckte Endzwanziger sei Diplomateköfferle uff de Bode. Cityhemd mit Seidekrawatt, Krawatteklammer in Golfschlägerform, Business-Anzügle, weiße Socke, polierte Slipper. Wichtig sieht er aus. Eine Very Important Person. Mer könnt maine, d'Wirtschaft müsst z'ammebreche, wenn der zu lang do steht. Alles komplett vom Herreausstatter. De Mohairschal hat er lässig um de Hals drapiert, un sei Frisör hat'm e Strähn in d'Stirn hänge lasse, dass er net so verbisse in d'Welt guckt. Aber s' nützt net viel. Des Outfit passt halt net zum G'sicht. Des Sonnestudio hätt er sich a spare könne. So braun wird mer nur vom Erfolg, den mer gern hätt. Drunner isch der leicheblass.

Er holt Zigarette aus sei'm Köfferle. Ich streck de Hals. Was hat er denn drin? E Bildzeitung, en Fertighauskatalog, e Note-Book, e Verdauungsäpfele un e Haarbürscht. Im Seitefach steckt e Frankfurter Allgemaine. Wege'm Börsebericht. En Spätzle-Yuppie.

Wenn ich Typberater wär, däd ich dem Bürschle Grobcord-Hose mit Hoseträger un e karierts Flanellhemd empfehle. Un für sonndags en gedeckte Anzug aus Trevira von de Stang. Un en unauffällige Haarschnitt, der de Kopf net betont.

Er hat sein Koffer in en Senfklecks g'stellt. Mit spitze Finger hebt er'n von sich weg un macht en Schritt z'rück. Er guckt an sich runner, ob 's Anzügle versaut isch. Ich geb dem arme Kerl e Tempo rüber. Er isch so in Panik, dass er mir des Tüchle aus de Hand reißt un s' Dankesage vergesst. Beim Wische zieht er e G'sicht, als sei der Senfbatze e Hundedreckle. Ich verdrück s' Lache. Er könnt noch so e Taschetüchle brauche, des seh i scho. Aber wenn er für e höfliche Frog 's Maul net uffmache kann – bitte. Soll er gucke, wie er zurecht kommt.

E Frau in sei'm Alter, die sich arg um e damehafte Erscheinung bemüht, kommt mit'me Cola Light an sein Tisch. „Hi Dorle!" lacht er e bissl gezwunge, weil er noch an dem Senf rumschmiert. Des Papier isch nur noch e erbsegroßes gelbes Kügele. Sie zappelt mit ihre rote Fingernägel an de Grußhand. „Grüß Gottle, Ritschie!" Wahrscheinlich haißt er Richard. Oder womöglich Erich. Des däd passe.

Ich hör e bissl zu, was se schwätze. Wie mer's halt macht, wenn mer selber niemand zum Schwätze hat. Sie habe's vom Schaffe, vom Stress un vom Urlaub mache. Die Sproch klingt wie aus'm Hals gedrückt un im Mund rumg'schlotzt. Wie e genüssliches, behäbiges Lalle. „Lätschtes Johr send mr ouf de Säschälle gwä", sagt des Dorle. Des Damehafte isch mit ai'm Schlag weg. Der Ritschie zieht an seiner Zigarett. „Bisch du scho mol in Goa onde gwä? Do ka'sch dei Säschälle vergässe. En granatemäßige Strand." Nach dem Satz bin i mir sicher, dass er Erich haißt. Wer so schwätzt, isch nie weit fort g'wese, egal wo er war. „Diesjohr wellet mr bloß nach Antalya nonder. Do hat de Pfischterer e Feriehäusle kauft. Mit ällem Komfort. Sächzig Mark verlangt'r am Dag. Aber die Türke wisset inzwische au, was se wellet. Für e g'scheits Ässe zahl'sch au vierzig Märkle. Un no ha'sch no nix trunke. In dem Häusle könnet mr sälber koche. Un denäbe isch glei e Kasern mit türkische Soldate. Do ka'sch au am Obend no u'bsorgt spazieregange. Un de Hällmut ka ieber Nacht sei Serfbrättle drauße stande lasse. Die ganz Wohnanlag isch mit'me Mäuerle eigrenzt on rond om d'Uhr bewacht. Do ka'sch di frei bewege on …" S' Dorle däd gern weiterverzähle, aber de Ritschie hat die ganze Zeit uff sei Rolex geguckt. „I muess gange, Dorle, Zeit isch Gäld. I han no en wichtige Termin in Fällbach drobe. Mr phonet am Wocheänd wäge'm Squashe, gäll!" Er zieht de Krawatteknote straff un schlenkert sei Köfferle zum Ausgang.

Ich kram en Zettel aus mein're Kitteltasch. Siebzehn Uhr, Landesgewerbeamt, Raum 209. Dort soll i für mein uraltresidenzbadische Verlag e Dichterlesung halte. Wege de Landesbuchwoche. Noch e Stund hab i Zeit. Bezahlt isch, ich kann geh.

Des Viertel Haberschlachter hätt net sei müsse, denk i beim Rausgehe. E Tass Kaffee wär besser g'wese. Dann hätt i des Schild „Drücken" an der Glastür g'sehe un net gezoge un gezerrt, bis d'Leut g'lacht habe. Der Haberschlachter isch en Wein, den mer besser im Sitze trinkt. Wenn mer hocke bleibe kann un nix meh vorhat. En Elsässer Pinot oder en badische Riesling vertrag i besser. Der bringt Lebe ins Hirnstüble. So'n Haberschlachter – scho der Name klingt schwerfällig – macht dumpf un müd. Ich könnt mi grad ins Bett lege.

In de Königstraß liegt e Elendsg'stalt uff're Bank un schloft seeleruhig. Mitte im Betrieb. En Obdachloser. Er hat en speckiche Parka über d'Ohre gezoge, dass er sei Ruh hat. Die nackte Füß stecke in verrissene Turnschlappe. An de Stirn hat er e Platzwund mit're dünne Blutkruscht. Vor de Bank liegt e schmuddlige Kapitänskapp umgedreht uff'm Bode. Uff en Pappedeckl hat er mit Filzstift g'schriebe „Bitte um eine milde Gabe für meinen besten Freund und mich. Danke."

Jetzt seh i erscht die zottliche Zufallskreatur zwische dene Plaschtiktüte unner de Bank. Die Schäferhundschnauz liegt flach uff'm Pflaschter, die Dackelohre hänge seitlich weg un des Ringelschwänzle ringelt sich entspannt. Der Hund schloft net ganz so fescht wie sei Herrle obe. Des hängt vielleicht mit'm Alkohol z'amme. Ab un zu zieht des Tierle d'Stirnfalte hoch un schielt, ohne de Kopf zu bewege, de Leut hinnerher. Oder sei Schwänzle zuckt im Halbschlof. Die zwai mache en stinkfaule G'samteindruck.

Bettle, aifach Geld wolle, ohne was defür zu schaffe, isch in dere Stadt bestimmt kai leichts Gschäft. Wenn die Leut en Bettler sehe, greife se automatisch nach'm Geldbeutel. Aber nur um zu gucke, ob er noch do isch. Gut. Es kommt scho mol vor, dass mer sich von e paar Zehnerle trennt, ohne en Gegewert zu kriege. So isch's net. In de

Vorweihnachtszeit, wenn ai'm die chrischtliche Nächschtenliebe im Nacke sitzt. Oder nach're größere Steuerrückzahlung, wenn ai'm de Leichtsinn packt. Am liebschte däd mer so'me arme Deufel freilich e Laugeweckle oder e Wurschtbrot in d'Kapp lege. Dann wüsst mer, dass des Geld net für Alkohol oder Zigarette versaubeutelt wird. Immerhin. Mer hat sich an die Bettelei in de City g'wöhnt. En Großstadtmensch muss tolerant sei un vor allem weggucke könne.

Aber dass ainer beim Bettle net nur nix macht, sondern noch dezu schloft – des isch zuviel. De Gipfel der Unverschämthait isch des. So muss mer sich net provoziere lasse. Des isch en gezielter Schlag ins Gesicht der ortsüblichen Bevölkerungsmoral.

Um die Bank rum isch d'Luft elektrisch g'lade. Wie vor'me Gwitter. De Passantestrom verzweigt sich ärgerlich. Die Junge gehe zügig vorbei un drehe d'Köpf in die annere Richtung. Ältere Leut, die Zeit habe, bleibe steh un balle sich zu schimpfende Häufle. Kopfschüttle, Fingerfuchtle. En Mann im Lodemantel stolpert über die Kapitänsmütz un kickt se mit'me böse Gsicht z'rück. „Nix schaffe. Un dann d'Kappe no saudomm in de Wäg läge!" Von alle Seite hör i d'Leut schimpfe un maule, während i in de Aktetasch nach mei'm Geldbeutel such.

„I däd mei Gäld au gern im Schlof verdiene."

„I han mi vom G'schäft ausruhe welle. Aber säller Dagdieb braucht jo älle vier Sitzplätz, dass 'r sein Rausch ausschlofe ka."

„Es wird emmer schlemmer mit dem Lompegsendl. Wie in dere Schtroß, dere Bronx in Nei York driebe."

„Mir Bachl zahlet älles."

„Des arm Hondle! Ins Tierhoim müesst mr des brenge."

„Für den Kerle wüsst i e Plätzle. Do müesst der schaffe! Schaffe müesst der, bis'm de Schwoiß durch d'Kappe druckt!"

„Manche spielet wenigschtens Mondharmonika. Die bemüeht sich."

„Dem Tierle hätt er e Konschtstückle beibrenge könne. Über e Stöckle hopfe. No hätt mr e Freud on däd eventuäll was gäbe."

„Bloß romliege ond 's Stadtbild versaue!"

„Schlofe on d'Kappe zom Kassiere naställe!"

„Auf're städtische Bank! Muess mr sich des g'falle lasse?"

„Polizei!"

„Herr Wachtmoischter, kommet se mol, bitte! Saget se, ka mr do nix mache?"

„Die Dame do isch müed vom Ei'kaufe. Die däd sich gern setze welle."

En dicker Polizischt rüttelt den Schläfer an de Schulter un stupft'n mit'm Finger in d'Rippe. Der Hund schießt plötzlich unner de Bank vor un knurrt, weil er Uniformierte net leide kann. In mei'm Geldbeutel hab i nur Kupfer un Messing. Zum en Schein wechsle hab i kai Zeit. Ich studier mein Stadtplan un mach mi uff de Weg.

Des muss de Schillerplatz sei. Vor dem Denkmal bleib i steh. Es hat zu tröpfle ag'fange. De Schiller hebt sein grünspanige Bronzemantel vorne zu. Unner'm Lorbeerekranz guckt er zu mir runner. E Taub sitzt uff sei'm Kopf. Ich mach e paar Schritt zrück, dass i zum Hochgucke de Hals net so verrenke muss. Un dass mer die Regetropfe net in d'Auge gehn. Du hasch's a net lang in dere Stadt ausg'halte, Friedrich, denk i im Stille.

Zehn vor fünf bin i im Landesgewerbeamt. Ein prächtiges Palais mit griechische Säule un hohe Stuckdecke. En Treppeaufgang wie in'me Schloss. Des Marmorg'länder isch zwanzig Zentimeter brait. Verschwitzt un durchnässt schlepp i mei Dichtertasch in de erschte Stock. En Informationsstand, an dem niemand sitzt. Hinweisschilder, Wegweiser, en Veranstaltungsplan un nummerierte Stellwänd mit Bücher. Von'me Plakätle lacht mer e miserabel kopiertes Portrait entgege. Die Dichter mit ihre ewige Baskemütze un abg'schabte Cordsamtkittel, mit ihre edelbittere G'sichtszüg un ... Jesusmaria. Des bin jo ich!

Ich marschier in Pfeilrichtung durch Bücherwänd. Zur Cafeteria. Wo sin bloß d'Leut? Nur e paar einsame Bücherwürm sitze mit käsige Gsichter in dem Neonlicht zwische de Verlagsständ un blättere. Hocke die Besucher vielleicht schon als mei Publikum im Raum 209? Also des wär e Überraschung. Mit so'me Andrang hätt i als badischer Dichter in Stuttgart net g'rechnt. Die Schwobe mache doch gern alles selber. Zum Dichte habe die normalerweis ihr Leut.

Noch fünf Minute. Ich hab e flattrig's G'fühl im Mage. So e Lampefieber hab i scho lang nimme g'habt. Ich könnt nochmol uffs Klo. Es isch zu spät. Für en g'scheite Stuhlgang langt's nimme. Den muss i mer verklemme. Kai Problem. Übungssach. Mein Mund isch pappich wie en feuchte Sack Mehl. Ich muss unbedingt was zum Trinke mitnemme, un wenn's en Sprudel isch. Sonscht verklebt nachher alles, un d'Zung hängt am Gaume. Dann isch aus. Des hab i scho mol erlebt. Bei're Lesung beim CVJM in – ich erinner mi net wo – war nach're halbe Stund de Früchtetee ausg'ange.

Die Cafeteria isch leer. E Frau sortiert G'schirr in e Spülmaschin. „Könnt ich bitte e Glas Wein habe? Wenn's geht kain Haberschlachter", frog i verhetzt, aber höflich. „Mir machet Feierobend!", schnarrt se in ihr Spülmaschin. Mit Haarklammere hat se e Schifflle schräg uff ihre Dauerwelle g'steckt. Des soll flott un gutg'launt aussehe. Diplomatie isch immer e zeitraubendes Verfahre. Ich versuch's trotzdem. Den Feierobend hätt se sich verdient, jetzt, um fünfe, sag i. Sich de ganze Dag mit dene Leut rumärgere, des sei kai Zuckerschlecke. Un die Steherei. Also ich könnt's versteh, wenn se jetzt d'Nas voll hätt. Aber bei'me Dichter, der im Rahme des Programms glei e Lesung hätt, bei einem Mitwirkenden, könnt se doch e Ausnahm mache. Ich bräucht die Flüssigkait für mei Arbait, zum Schwätze. Kuchegable klirre. „I gäb nix meh raus! Auf dene Gläser ischt Pfand. Bei der Rückgabe bene nemme do!" I schwitz. Mir prickelt d'Kopfhaut. Es isch net leicht, in'me höfliche Tonfall was zu sage, wenn mer gern brülle däd. „Könnte Se mir net so e Gläsle ohne Pfand mitgebe? Ich kann doch de Wein net aus de Flasch trinke. Ich bring's Ihne z'rück, Ehrewort. Nach de Veranstaltung stell ich's do uff d'Thek. Ganz sicher." Sie zieht ihr Schifffle von de Frisur un legt's in e Schublad, ohne herzugucke. „Des saget alle!" – „Un wenn ich Ihne des Pfand bezahl? Sie könne des Geld behalte. Als Trinkgeld." – I brauch von Ihne koi Trinkgäld! I verdien mei Sach!" „Herrgott, dann gebe Se mer halt e Mineralwasser! Des kann i zur Not aus de Flasch trinke!" – „I gäb nix meh raus! D'Kass isch zue!"

Ich dreh uff'm Absatz un geh, bevor mer de Krage platzt.

Ob se des „Blöde Gluck, ai'fältige!" noch g'hört hat, waiß i net. Ich hab's aigentlich nur denke wolle, aber s' isch mer zur bessere Erleichterung doch stark halblaut rausg'rutscht.

Punkt fünf steh i verschwitzt vor dem Raum 209. Es wird eh niemand drin sei, denk i. Egal. Die Enttäuschung könnt i verkrafte. Ohne Publikum wär i jetzt mit'me Schlag widder privat un könnt in Ruh was trinke geh. Warum net en Haberschlachter? Wenn mer de Kopf nimme braucht? Des Ausfallhonorar wär a net zu verachte, wenn mer bedenkt, dass mer nix defür g'schafft hat. Un die Bahnfahrt zwaiter Klasse krieg i ersetzt. Im schlimmschte Fall wär i also schlecht bezahlt nach Stuttgart g'fahre. Im Grund kann mir nix passiere. Warum sollt ich nervös sei?

Ich mach d' Auge zu un schnauf so tief durch d'Nas, dass es obe unner de Hirnschal ganz kühl wird. Dann geb ich mir en Ruck un drück mit'me entschlossene Vorwärtsdrall uff d'Türklink. Beinah wär i z'rückgeprallt un rückwärts rausg'ange – der Raum hockt voll Leut! Jemand klatscht. Die annere klatsche mit. Unner'me Platzrege von Vorschussapplaus geh i wie betäubt zu'me Rednerpult. E Triumpfg'fühl macht mer d'Atemwege frei. Dass ich so über d'Fusionsgrenz raus berühmt bin, hätt i net gedacht. So'n Zulauf bei'me badische Dichter im Schwäbische, in de Landeshauptstadt! Des isch de Durchbruch. Wenigschtens als Heimatdichter. Ich fühl mi wie des Badener Davidle, des dem dicke Schwobegoliath mit sei'm Einmachgummi e Bröckele Kultur so an de Schädel schleudert, dass der net ins Krankehaus muss, sondern nur ins Nachdenke kommt. Des wär scho was wert. Ich mach eine lächelnde Verbeugung zu dem unerwartete Publikum. Faltige G'sichter, braune Rentnerkappe, Popelin-Regehütle, Wattestöpsel in Ohre, graue Löckle, Spazierstöck un orthopädische Schuh in de erschte Raih. Viele ältere Mensche. Rechts vorne seh i e glattes G'sicht. Der junge

Mann hat Schreibzeug un e Kamera uff seine schwarze Jeans. Sogar d'Presse isch do. En Volontär von de Stuttgarter Zeitung. Alles wege mir!

Mit'me wichtige Gsicht leg i meine Bücher un Manuskripte, meine Werke, zurecht un überleg, wie i a'fange könnt. Normalerweise hat mer en Moderator, der einleitende Worte zur Begrüßung sagt un ai'm vorstellt. Des hätt de Herr Kappler vom Verlag mache solle. Aber der isch vorübergehend krank wore, als er von der Stuttgarter Lesung erfahre hat.

Jetzt bräucht i e Brill. Zum Überbrücke von dere erwartungsvolle Stille, die immer entsteht, wenn Leut uff was warte, des scho a'gfange hat, aber noch net los geht. So e Brill kann mer großartig aus'm Etui hole un mit'me Samtläpple umständlich putze, bevor mer se uff d'Nas setzt un solang dort rumschiebt, bis ai'm was ei'fallt. Des erhöht d'Spannung un verleiht dem folgende Vortrag e intellektuelles Gewicht, wenigschtens e paar Sätz lang.

Ich blätter in meiner Zettelwirtschaft. Schwaißtropfe falle mer aus de Achselhöhl un kullere mit'me Kitzle d'Rippe entlang. Ich bieg scho s' Mikrofon vor de Mund, do rutscht mir des ganze Bündel mit de Manuskripte vom Pult. G'schichte un Gedichte schwebe wie Papierflieger über de Bode un lande boshaft an Stelle, wo mer schwer beikommt, zwische de Stühl un unner de Haizkörper. Die Stehpulte mit ihre saublöde schräge Platte! Es war alles so schön für die Lesung sortiert. Wenn nur jemand lache wollt! Es wär irgendwie e Erleichterung. Aber niemand lacht. Vielleicht aus Höflichkait net. Die Leut verziehe kai Mien. Sie gucke zu, wie ich uff'm Bode rumkrabbel. Manche schaffe sich schwerfällig von ihre Stühl hoch, dass se besser sehe. Von dem Bücke wird's mer en Moment lang schwarz vor de Auge. Ich muss mi mit ai'm Arm abstütze un spür en Dameschuh unner de Hand. En Herr aus de dritte Raih gibt mer e Blatt vor. Er hat's beim Uffhebe kurz überfloge un runzelt d'Stirn. Es isch e Gedicht. Genau mit dem Gedicht könnt i a'fange. Warum net zuerscht was vorlese? Nach dem kurze Textle bedank ich mich beim Publikum für des zahlreiche Erscheine. Dann sag i was zu meiner Person. Ich huscht ins Mikrofon. „Könne Sie mich ganz hinne versteh?" Kai Reaktion. Anscheinend funktioniert's. Es kann also losgeh. Ich les vor:

De Bewusstseinsberater

Ich rat Ihne ab
vom Problembewusstsein
des macht uff Dauer
nur faltig un blass
nemme Se lieber
e g'scheits Körperbewusstsein
des sieht nach was aus
un macht Spaß …

E Stecknadel könnt mer falle höre, so still isch's in dem Raum. Die Leut sin ganz bei de Sach. Manche sperre sogar d'Münder uff un habe ihre Köpf schräg g'legt, dass se besser höre. Die lausche förmlich uff jedes Wort. Die Konzentration im Publikum übertragt sich beim Vorlese. Ich hab's voll im Griff. Bei de zwaite Stroph isch mei Stimm scho sicherer:

… So e Körperbewusstsein
kann mer aifach trainiere
s' hat vor allem bequem
in jedem Kopf Platz
mer lacht in de Spiegel
g'fallt sich
un hat's …

Weiter kommt i net. Die plötzliche Unruh im Publikum kann i net länger mit meiner Stimm übertöne. En älterer Herr hat sich an de Stuhllehn vom Vordermann halb hochgedrückt un streckt de Finger wie in de Schul. „Entschuldige Se bitte!", ruft er viel zu laut, weil er e Hörgerät am Ohr hat. „Saget Se mol, bene do denn richtig in sällem Vortrag vom Professor Feinäugle ieber Erkrankungen der Wirbelsäule?" Ich schüttel e bissl ärgerlich de Kopf. „Der Vortrag isch im Saal zwoihondertälf! Glei näbedra!", verkündet der junge Mann von de Zeitung. Wie uff Kommando kommt Bewegung in d'Leut. De Saal leert sich zügig. Stühl poltere, en Krückstock fallt um. Mit Ächze un Geschnauf drängt un schiebt sich alles durch die Stuhlraihe zum Ausgang. „Drübe isch älles voll! Brenget Euere Stühl mit!", schreit jemand im Flur. Nach dreißig Sekunde isch der Tumult vorbei un s' Publikum vollzählig verschwunde. Nur des Zeitungsbürschle sitzt noch do.

„Des isch de Megaflop g'wä", sagt er un hängt sei Kameratäschle über d'Schulter.

Ich pack ruhig meine Sache z'amme. An de Tür dreht sich der Volontär nochmol um. „Wisset Sie oigentlich", sagt er, „was Sie mich heut obend koscht hen? Hondertfuffzig Märkle hätt i für des Artikele über die Läsung kriagt. Des Gäld isch mr naus. Wo nix gwä isch, ka mr nix schreibe. Sie kriaget doch sicher e Ausfallhonorar, gäll?" Ich nick. „Logisch", sag i un schlupf in mein Kittel. Debei spür i scho e bösartige, gallige Freud, den profitliche Kerle zu ärgere. Der muss natürlich weiter bohre. „Saget Se, was kriaget Sie denn do nur für's Komme, wenn mer froge dürft?" Ich mach so, als müsst i kompliziert kopfrechne, kneif d'Auge zu, runzel d'Stirn un murmel Prozentsätz un Zahle. „Warte Se mol … also … u'gfähr … so vier- bis fünfhundert Mark, däd i sage." Er wird so blass, wie ich mir's vorg'stellt hab. Dann kriegt er e nervöses Zucke in de linke G'sichthälfte un geht, ohne noch e Wort zu sage.

De Himmel über de Stadt isch rot un violett. Em Schiller tropft Rege vom Lorbeerekranz uff de Mantel. Im Vorbeigeh grüß ich'n mit zwai Finger von de Schläf weg. Servus, Friedrich. Bis irgendwann. Es hat Zeit.

D'Läde mache zu. Vor de Kaufhäuser rassle Eisegitter runner. De Betrieb in de Straße hat sich g'legt. Mein Stadtstreicher von vorhin hat sich wege'm Wetter un vor de Polizei in d'Klettpassage umquartiert. Mit sei'm Hund im Arm sitzt er uff're Isomatt am Bode. In 'me Sechserträgerle Bier fehle drei Flasche, un in seiner Kapitänsmütz glänze e paar Zehnerle. Ich lass en Zwanzigmarkschein dezuflattere. Er zuckt hoch un starrt mi a. Vielleicht will er sich für des schwäbische Wunder bedanke. Mit Handschlag un Bückling. Ich wink ab un bin scho weiter. Es gibt nix zu bedanke. Des war kai Menscheliebe un kai Großzügigkait, nur so e Art verzweifelter Leichtsinn. Des Stuttgart macht mi aus purem Trotz verschwendungssüchtig.

In de Bahnhofswirtschaft trink i an're karierte Tischdeck zwai Viertel Haberschlachter. Jede volle Stund fahrt en Intercity aus dem Sackbahnhof in alle Himmelsrichtunge fort. Ich genieß des Gfühl, dass i genau so lang bleibe kann, wie i's aushalt.

Bleib!

Ich seh mi noch mit meine Koffer
in deiner Haustür steh
nach'm Wetter gucke
am Mantelknopf dreh

also, ich wär soweit
ich glaub, ich hab alles
also dann …
wenn nix meh isch
dann geh i halt
im Keller hab i noch e bissl Sach
des hol i irgendwann
isch's recht?
dann geh i jetzt halt, gell
ha'sch g'hört?
dann also …
mach's gut

du ha'sch bloß g'nickt
s'war alles g'schwätzt
des hat mich domols
ziemlich verletzt

zum Abschied
hätt'sch wenigschtens noch sage könne
bleib!
hättsch's jo net so maine müsse
nur sage
bleib!
dann wär i leichter g'ange

aber du
ha'sch Angscht g'habt
dass ich's mach.

Kartoffelsalat oder folgendes …

Für Bernhard

S'isch net übertriebe. Seit're halbe Stund schäl ich jetzt an de zwaite Kartoffel für e große Schüssel Kartoffelsalat, weil's laufend a'ruft. Kaum hab ich mir an dere Dreckskrumbier, die scheint's überhaupt net abkühlt, widder d'Pfote verbrennt un d'Finger verschmiert, dudelt des Telefon.

Bleib ruhig, sag ich mir. Des isch kai Boshait. Des sin alles nette Mensche, die net wisse könne, dass du grad Kartoffelsalat mach'sch un dir jedesmol des Krumbiereg'schmier von de Händ wasche musch. Die wisse net, dass dei Telefon-Ohr noch warm isch vom Vorgänger, der a en nette Mensch war. Un dass es überhaupt heut de ganze Tag schon so geht. Lauter nette Leut, die nix vonenanner wisse. Lieber Gott, wenn ich mit'me Zupfe am Ohrläpple ausdrucke lasse könnt, was seit heut morge in mein Kopf g'schwätzt wore isch, hätt ich dreißig Seite Text von nette Leut uff'm Tisch.

Un alle freue sich, dass se ai'n endlich am Apparat habe. Sie wollte net störe, haißt's immer. „Habe Se e Momentle Zeit?", froge se un schwätze glei druff los: „Also, ich muss kurz aushole, dass Se wisse, um was es geht." Jetzt kann mer nebeher mit de freie Hand ruhig was anneres mache. D'Gschirrspülmaschin ausräume oder s'Blumewasser wechsle. Nur Kartoffelschäle geht halt net. Irgendwann kommt garantiert des Wörtle „Folgendes" in verschiedene Wendunge. „Kurz un gut", sage se nach're Viertelstund, „s'geht um Folgendes." Mer hört förmlich de Doppelpunkt. Oder: „So weit, so gut. Jetzt, warum ich Sie a'ruf. Folgendes." De gebildete Schriftsprachler sagt gern: „Soweit also die Vorgeschichte und Begleitumstände. Nun also zum eigentlichen Grund meines Anrufes. Gehen wir in medias res. Es handelt sich um Folgendes." Wenn mer „Folgendes" hört, muss mer widder uffpasse. Dann geht's zum Kern der Sach. Mer muss reagiere. Zusage, absage. Oder am beschte baides. Alles offe lasse. Nach dem „Folgendes" hole se Luft. Manche lege so los, dass ich scho nach'm erschte Satz nimme dezu komm, zu sage, dass ich de Fade verlore hab. S'gibt wirklich Leut, die schwätze ai'n über de Haufe.

Vorhin war so ainer dra. „Lange Rede, kurzer Sinn" , hat er am Schluss g'sagt. „Herr Bär, ich habe ein Attentat auf Sie vor. Folgendes ..." Was er g'wollt hat, waiß i net. Ich hab'n aifach weggedrückt. Des isch aigentlich net mei Art. S'war e Affekthandlung. Vielleicht ruft er mi z'rück, wenn i mit mei'm Kartoffelsalat fertig bin. Ich däd mi gern entschuldige. Er hat halt en schlechte Zeitpunkt verwischt. Ich war grad bei de erschte Kartoffel, hab se zum Schäle uff e Gabel spieße wolle. Sie isch verbrockelt uff de Küchebode g'falle, un ich hab mir beim Uffhebe saumäßig d'Finger verbrennt. Bintje. Mehlig kochend' hab ich uff dem Beutel g'lese. In dem Moment ruft der Mann a. Ich hab ihm geduldig zug'hört. Debei hab ich de Hörer zwische Schlüsselbain un Unnerkiefer geklemmt, die Krumbierebrocke beseitigt, genauer g'sagt, mit'm Handfeger uff d'Kehrschaufel g'schmiert. Fege kann mer des net nenne. Ohne Punkt un Komma hat der verzählt. Ich waiß nimme was. Ich hab mich nur g'ärgert, dass ich die falsche Kartoffelsort gekauft hab. Bei „Folgendes" isch mir dann de Krage geplatzt. Un des Wort „Attentat" war in der Situation a net günschtig.

Herrgottsack! Warum kauf'sch net des fertige Zeug im Kübel? Deckel abstemme, mit'm Handballe uff de Bode schlage, schon rutscht e Kilo Kartoffelsalat in d'Schüssel. Da quäl'sch dich rum, bloß weil alle dein Kartoffelsalat lobe!

Jetzt geh ich nimme ans Telefon, nemm ich mir vor. Des Schäle von haiße Kartoffel isch e G'schäft, des immer hart an de Schmerzgrenz konzentriert durchgezoge were muss. Die Kartoffel uff de Handfläche ausrolle lasse, über d'Finger schiebe wie so e chinesische Kugel mit'me Glöckle drin. Des Ding muss immer in Bewegung bleibe, nie zu lang an ainer Stell. Immer widder die Kartoffel e bissl hochschmeiße wie beim Ballspiele. Un wenn se in d'Hand fallt, sofort losschäle, bis mer's nimme aushalt. Zwische Daume un

Spitzemesserle soviel wie möglich von dem Häutle abziehe. Zwischedurch die Knoll weglege, mit de Schmerzhand wedle. Paus mache beim Sichverbrenne. Dann widder rangeh. Un immer Luft durch die z'ammmegebissene Zähn ziehe, wenn de Schmerz zu arg wird. Ssss! Wenn er nachlasst, d'Luft bei g'schlossene Auge durch de weit g'öffnete Mund rausstoße. Haaa! Rückwärts – ssss! Vorwärts haaa! Ssss! Haaa! So geht des beim Schäle von verkochte, haiße Kartoffel.

Wenn mer bei der Arbait net g'stört wird, kommt mer in e aigeartige kämpferische Stimmung, in en verbissene Rhythmus. Mer kriegt direkt e feindliche Ei'stellung zu dene dampfende Malefizknolle. „Ssss-haaa!" Widder en Fetze Häutle unner Schmerze wegoperiert! Es klebt an de Messerspitz. Dieses haiße, pappiche G'schmotz an de Griffel! E einziges, hauchdünnes Straifele Krumbiereschal hängt an mei'm Daume. Kain großer Sieg für die schmerzhafte Attack. Es lasst sich net abschüttle. Will mer's wegzupfe, bleibt's an de annere Finger pappe. Mit'm Schuh druffsteh? Dann klebt's an de Sohl, un du tragsch's in de Wohnung rum. Du wirsch's net los. Un s'were immer mehr zwische Daume un Messerkling.

„So, jetzt ha'sch verspielt!", sag ich laut zu de zwaite Kartoffel von mein're große Schüssel Kartoffelsalat. Ich greif zu. „Ssss!" Do hör ich des Telefon. „Haaa!" Des derf net wohr sei! Bevor der Salat net fertig isch, geh ich nimme dra, sag ich mir. Des isch doch bloß widder de Herr oder d'Frau Folgendes. Vielleicht der von vorhin? Der mit'm Attentat? Nach entschuldige isch's mir im Moment nimme.

Aber – was isch, wenn'd net dra geh'sch, un s'isch was? Die ganz Zeit war nix. Do bi'sch dra g'ange. Jetzt, wo was sei könnt, geh'sch net? Es könnt doch ausgerechnet jetzt was sei! Mit de Dagmar. Um Gottswille! Mit dei'm Sohn. Jesses! Der isch grad in de Hochpubertät. Do isch alles möglich. Do isch sogar s'ganz Unmögliche möglich! Deiner Mutter geht's in letschter Zeit net gut. Also, sie g'fallt mer garnet. Du däd'sch dir ewig Vorwürf mache, wenn was wär. Un immer müsch't dir sage, du hätt'sch domols s'Telefon g'hört. Un du hätt'sch Kartoffelsalat g'macht.

Ich lass die dreiviertels g'schälte Krumbier in d'Lokalzeitung falle. Mit'm klaine saubere Finger schieb ich de Hebel von de Mischbatterie hoch. Wasserhahne kann mer zu dene Dinger jo nimme sage. S'isch die falsche Seit mit'm rote Punkt. „Ssss!" Wenn mer sich nass verbrennt, hat mer sich verbrüht. Des hätt i net gebraucht. Früher, mit zwai normale Drehhähne, wär des net passiert. Die Designer! Manchmol könnt ich den ganze Berufsstand erwürge! Hebel rum. Blau isch kalt. „Haaa!" Der Krumbierematsch vertailt sich gleichmäßig als Schmierfilm über d'Händ. De Rescht putz ich schnell ins G'schirrtuch. Ich schlenker s'Gschirrtuch über d'Sessellehn. Ich nemm de Hörer zwische d'Fingerspitze, drück uff de Knopf unne in de Mitte. Ganz so unfreundlich, wie ich befürchtet hab, klingt mei Stimm garnet. Nur e bissl g'nervt.

„Ja! Wer'sch'n scho widder dra?" Nach're Schrecksekund haucht so e zarte Frauestimm: „Roswitha Veith-Zurlinden."

„Tschuldigung, wie bitte? Veith-Zur ... was?"

„Zurlinden."

„Ah ja! Schöner Name. Doch, außerg'wöhnlich. Um was geht's, Frau Veith?"

„Oh, störe ich Sie gerade in einer kreativen Phase am Schreibtisch?"

„Was? Wo? – Ach so! Nai, des net. Nur beim Krumbieresalat mache."

„Verzeihung, ich versteh nicht ..."

„Ich koche gerade. Kartoffelsalat mit Fleischküchlein. Frikadellen."

„Oh, da rufe ich später nochmal an."

„Net! Bitte bleibe Se dra! Was weg isch, isch weg. Jetzt hab i scho d'Händ abgeputzt. Un solang Sie telefoniere, ruft wenigschtens sonscht niemand a."

Sie hat nervös g'hüschtelt. Ich glaub, sie hat mich net verstanne. Dann widder ihr Stimm. Sie hat sich verlege a'ghört. Als däd se bloß schwätze, dass halt was g'schwätzt isch.

„Sie kochen selbst? Interessant."

„So int'ressant isch des net, wenn mer's jeden Tag macht. Meine Lebensgefährtin isch voll berufstätig. Die hat's gern, wenn nach'm G'schäft s'Esse uff'm Tisch steht."

„Sind Sie da nicht etwas überfordert? Ich meine, Sie schrei …"

„Ach woher! Ich bin des g'wöhnt. Ich war immer mit Karrierefraue z'amme. Die habe alle gern gut g'esse, aber kai Zeit zum Koche g'habt. Ich bin gern Hausmann. Wasche, bügle, Wohnung putze, mach ich alles."

„Erstaunlich. Da will ich Sie jetzt nicht länger aufhalten, wenn Sie für Ihre Lebensgefährtin Abendbrot zubereiten."

„Au, Brot hab i vergesse ei'zukaufe!"

„Na ja, sie wird's überleben."

„Heut koch ich net für sie. Sie isch bei 're Führungskräfte-Tagung. Ich hab e paar Kumpels zum Fußballgucke ei'glade. WM-Spiel Deutschland – Mexiko. Wird net leicht. Glaube Se, mir schaffe's ins Achtelfinale? Mein Tipp: zwo zu ains. Int'ressiere Se sich überhaupt für Fußball?"

„Offen gestanden, nur sehr peripher. – Aber sagen Sie, kommen Sie denn als Hausmann, wie Sie sagen, noch zu Ihrer eigentlichen Tätigkeit des Schreibens? Sie sind doch der …?"

Ich hab verzweifelt uffg'lacht. „Ja, g'legentlich! Und wenn net, schreib ich halt de Ei'kaufszettel in Gedichtform."

„Sehr originell."

„Spaß muss sei, Frau Veith! – Aber zur Sach! Weshalb rufe Se mich a?"

„Ich glaube, ich muss mich bei Ihnen entschuldigen. Vermutlich bin ich falsch verbunden."

„Also, wenn Se mich spreche wolle, sin Se richtig."

„Ja mit wem spreche ich denn? Sie hatten sich nicht gemeldet."

„Hab i des net? Gut, vielleicht net namentlich. – Aber egal. Wen wolle Se denn spreche?"

„Na ja, die Nummer habe ich über den Verlag bekommen."

„Herrgott, wie oft hab ich dene g'sagt, sie solle mei Nummer net grad so rausgebe!"

„Sind Sie der Schriftsteller Bruno Bär?"

„Normal ja. Im Augeblick net. – Des verstehe Sie jetzt net, gell?"

„Ehrlich gesagt, nein."

„Passe Se mol uff. Heut vormittag war ich noch der Schriftsteller Bär. Dann bin i alles Mögliche g'wese, manchmal gleichzeitig. Bis i nimme g'wüsst hab, wer i bin. Un jetzt bin i de Privatmensch Bruno, der in Ruh sein Kartoffelsalat mache will. Er isch e bissl mit de Nerve fertig, weil mer'n net lasst."

„Den Eindruck habe ich auch."

„Wisse Se, s'isch so. Ich konzentrier mich gern voll uff ai Sach. Bis ich demit fertig bin. Dann kommt die nächscht. Wenn ich koch, will ich nur koche. Wenn ich schreib, schreib ich. Wenn ich mir d'Fußnägel schneid, nur als Beispiel, schneid ich Fußnägel, sonscht nix. Un alles isch gleich wichtig. Für mich gibt's dann nur des, was ich grad mach. Verstehe Sie, was ich demit sage will?"

„Ja, ich glaube schon. Klingt ja geradezu nach buddhistischer Weisheit. Nur mit der entsprechenden Gelassenheit scheint es zu hapern."

„Ich bin gelassen!", hab i g'schrie. „Gelassenheit kommt von dem Wörtle gelassen. Un des kann mer bloß sei, wenn mer g'lasst wird. Ich wer aber net g'lasst! Renne Sie mol beim Kartoffelsalatmache ständig ans Telefon! Gelassenheit – Sie habe gut schwätze!"

„Regen Sie sich nicht auf, Herr Bär."

Ich hab schon die ganze Zeit g'schnuppert. Jetzt riech ich den scharfe Rauch. Ich seh, dass ich mei Zimmerwänd kaum noch seh. Des Buddhafigürle im Bücherregal, e Mitbringsel von 'me Freund, hockt im dicke Qualm, der sich durch d'Küchetür rauswälzt. Ich hör's brutzle un zwischedurch batsche. Wie von Knallerbse. Ich spring hoch. „Scheiße! Mein Speck!" Ich lass de Hörer in de Sessel falle. Im Renne reiß ich d'Fenschter uff. Ich stürm in d'Küch. Mit baide Händ schlag ich mir d'Sicht zum Herd frei. Ich rutsch aus uff dem fettglitschige Bode. E Sperrfeuer von Ölspritzer spuckt mir entgege. Über d'Ärm, vor de Bauch, bis hoch in de Ausschnitt vom Hemd. Zentimeterweis schubs ich die Pfann von de Herdplatt.

Rüber uff die g'riffelte Stahlfläche von de Spüle. Nur net mit kaltem Wasser ablösche wolle! Des isch Erfahrungssach. Mit'm G'schirrtuch wedel ich de Rauch über de Pfann weg. Ich guck nei. E schwarze Kruschtepizza mit Koksbröckele drin. Wahrscheinlich kann i des Pfännle fortschmeiße. Z'amme mit mei'm Hemd in de selbe Dreckaimer. Sowas wird bloß im Werbefernseh widder sauber.

Stillstand in de Küch. D'Kartoffel dampfe nur noch leicht. D'Pfann kühlt ihrer Entsorgung entgege. Uff's Hemd muss i nimme uffpasse. S'geht nix mehr voran, aber defür kann im Moment a nix passiere. Aus dem Fünfliter-Karton, der sommers in bequemer Augehöhe in mei'm Kühlschrank steht, hab i mer per Daumedruck e Glas Rosé gezapft. Ich hab mi uff's Weiterschwätze mit der Frau g'freut un g'hofft, sie isch noch dra. Im Wohnzimmer riecht's nach verbrenntem Speck. Aber der Qualm hat sich verzoge. Im Regal seh ich mei'n dickbäuchige Buddha vom Roland widder lache. Ich greif nach'm Telefon. „Ich bin widder do. Sin Se noch dra?" Es dauert. Ich bin schon enttäuscht. Dann kommt d'Antwort. Es hört sich e bissl u'geduldig a. „Ja, jadoch. Wo waren Sie denn? Ist was passiert?" Ich leg mi im Sessel z'rück. An de Tischkant klopf ich e Zigarett aus'm Päckle. Fünf oder sechs falle uff de Bode. Ich zünd mir eine a. „Ach, beim Koche isch was schiefg'laufe. Net schlimm. Die Sauerei mach i später weg."

„Wie? Ah ja! Hm."

„Esse Sie gern Kartoffelsalat?"

„Ob ich … ? Na ja, gelegentlich ist mir nach so deftigen, einfachen Gerichten."

„Ai'fach? Von wege! Des kommt halt druff a, wie mer'n macht. Des kann e Delikatess' sei!"

„Mag sein, Herr Bär. Ich zweifle nicht an Ihren hausfraulichen – hausmännischen Qualitäten. Kochen ist nicht meine Stärke. Aber es geht jetzt auch nicht um irgendeinen Kartoffelsalat, sondern …"

„Oh, Moment! Mein Kartoffelsalat isch net irgendainer! Passe Se uff. Folgendes. Ich reib die Schüssel mit're Knoblauchzeh aus. S'derf net vorschmecke. Nur en Hauch. Grad so, dass mer merkt, es fehlt was, wenn er net dra wär, aber net genau waiß, was. Verstehe Se?"

„Ungefähr."

„So. Dann die Kartoffle in dünne Scheibe schneide. Sie müsse beinah d'Zeitung durch lese könne. So dünn. Un ganz wichtig, die Krumbiere müsse so haiß wie möglich verschafft were, dass se richtig durchziehe. Mer muss sich beim Schäle un Verschnipple immer e bissl d'Finger brenne, sonscht schmeckt er net. Un er g'hört noch warm uff de Tisch. – Sin Se noch dra?"

„Ja!"

„Gut. Jetzt Essig un Öl. Salz, Pfeffer, Muskat. Aber Vorsicht! Nur e Messerspitzle. E Schnupftabaksportiönle. Feing'hackte Zwibbel dazu. E Tässle Flaischbrüh, des gibt G'schmack. Glasig a'gebratene Speckwürfel drüber. Obacht! Die verbrenne gern! Vor allem, wenn mer nebebei telefoniert. – Sin Se noch dra?"

„Ja. Ich bin noch dran! Aber hören Sie …"

„Moment! Jetzt wird's raffiniert. En Spritzer Maggi dra! Ja, ganz ordinäres Maggi! Lache Se net!"

„Ich lache nicht."

„Doch. Innerlich schon. Wenn mer Maggi hört, denkt mer immer – oh je! Des isch grundverkehrt. Richtig dosiert isch des e tolles G'würz. Praktisch flüssiger Liebstöckl."

„Lieber Herr Bär, ich …"

„Probiere! Probieren geht über studieren. Aber gut. Jetzt isch der Kartoffelsalat, Ihr so genanntes einfaches Gericht, beinah fertig. Sie könne'n nur noch verpfusche, we Se Mayonnais' dra'mache. Nix! Statt der fette Mayonnais' ai'fach e Ai nei'klopfe."

„Wie bitte?"

„Ein Ei hineinschlagen! Des macht den Salat so richtig matschig un schmotzig. So muss er sei!"

„Wie?"

„Matschich. Schmotzich – wie soll i sage? En halb dicker, pappich-nasser, schwerer Brei. So glitschich. Herrgott, ich spür's in de Händ. S'liegt mer uff de Zung. Jetzt hab i's: geschmeidig! – Nai, des trefft's a net."

„Sämig vielleicht?"

„Ja genau! Sämig! – Obwohl, des klingt zu arg nach Brüh. Sämig isch dick g'nug für e Soß, aber für'n Kartoffelsalat zu lapprich. Was Sämiges lasst sich net greife, verstehe Se. Des tropft durch d'Finger. Des Schmotziche fehlt. Sämig isch net matschich g'nug. In en g'scheite Kartoffelsalat muss mer nei'lange un e Handvoll rausnemme könne. Des Zeug muss drin bleibe. Wenn mer d'Hand dann langsam in d'Schräge dreht, so bis fünfevierzig Grad, muss es noch pappe bleibe, bevor's zurück in d'Schüssel pflascht, also abfällt. Aber en Rescht sollt an de Finger hänge bleibe zum Abschüttle. So muss de ideale Krumbieresalat sei. Sin Se noch dra?"

„Ja! Ja, ich bin noch dran! Ist ja auch hochinteressant. Vor allem Ihre dialektologisch-semantischen Ausführungen. Nur – darum geht es mir eigentlich nicht."

„Do habe Se recht. Wichtig isch, was nachher uff'm Tisch steht. – Also im Prinzip wär der Salat jetzt fertig."

„Tätsächlich?"

„Halte Sie Kartoffelsalat immer noch für ein einfaches Gericht?"

„Nein. Da bin ich belehrt! Nun aber …"

„Halt! Ich hab en wichtige Punkt vergesse! Folgendes. Kartoffelsalat nur mit de Händ durchenannermache! Sie were's net glaube, aber des schmeckt mer."

„Unter Umständen – doch ja. Könnte sein."

„D'Händ nemme. In de Küch sieht's doch niemand. Un wenn! Dass mer vor'm Koche sei Finger wäscht un sich zwischedurch net am Kopf oder sonschtwo rumkratzt, isch doch klar, oder!"

„Wie? Jaja, natürlich!", hat se mit Verzögerung g'sagt.

Im Hinnergrund hab i Papier raschle höre. Flinkes, leises Geklacker von Computertaschte. So Bürogeräusche. Sie hat jemand was zug'flüschtert. Ich hab de Ei'druck g'habt, sie schafft was nebeher. Aber des kenn ich jo von mir. „Höre Se noch zu?" hab ich vorsichts- un höflichkeitshalber g'frogt. „Ich möcht Sie net langweile." Ihr Stimm hat net leis, aber entfernt geklunge. Wie bei weggedrehtem G'sicht nebe d'Sprechmuschel g'schwätzt.

„Ja. Nein. Sprechen Sie weiter. Ich höre. Ich habe ja sonst nichts zu tun!"

„Nix ersetzt de direkte Kontakt mit'm Material", hab i g'sagt. „Ein versierter Koch ahnt schon e bissl durch d'Händ, wie was schmeckt."

„Wirklich? Hochinteressant!"

„Im B'steck hat mer kai G'fühl, aber in de Händ. Die Zutate lasse sich wesentlich besser vertaile."

„Leuchtet mir ein."

„Aber behutsam dra'geh! D'Finger leicht spraize un krümme. Als hätte Se, sage mer, en Ball in de Händ. Steif so lasse. Der Vergleich isch in dem Zusammehang vielleicht net ganz passend – wie Mischtgabelzinke. Krallenartig. Könne Se sich's vorstelle?"

„Ja. Ungern, aber sehr plastisch."

„Also gut. Mit baide Händ in de Salat. Am Schüsselrand entlang abspachtle und zur Mitte schaffe. Dann von unne nach obe gründlich durchschaufle. Immer widder umschichte. D'Bewegung muss aus de Schultere komme. Von de Ellboge abwärts bleibt alles starr wie so Maschinegreifer, dass die Kartoffel net vermantsche. So, fertig! Durchziehe lasse. – Hab ich Ihne jetzt Appetit g'macht?"

Kai Antwort. Nur die Bürogeräusche. Männerstimme. Türe schlage. „Die Visagistin wartet schon!", hör ich sie rufe. Mich kann se net g'maint habe. „Sin Se noch dra? – Frau Veith! Folgendes … !" Summton. Weggedrückt! Grad so. Ohne zu sage, warum se mich überhaupt a'grufe hat. Net die feine Art. Ich hab schon die ganze Zeit den Verdacht g'habt, sie isch nimme bei de Sach, macht was nebebei. Egal. So Leut gibt's halt.

Ich schäl zügig die Krumbiere un schnippel se glei in d'Schüssel. Es schellt. Kurz nach vier. Mit'm Ellebogo drück ich d'Türfall runner. De Norbert, natürlich! Der kommt immer z'erscht. Er isch Höherer-Laufbahn-Beamter beim Finanzamt. Während de Fußball-WM hat er immer pünktlich zum A'pfiff vom erschte Spiel Feierobend. Oft sogar pünktlicher. Er schafft halt e bissl schneller, sagt er. Dann könnt er, wenn's gut lauft, im Prinzip schon mittags geh. Theoretisch, sagt er.

Er drückt de Fernsehknopf, nemmt sich e Flaischküchle un setzt sich in de Sessel, nach vorne gebeugt. Sofort Stadionatmosphäre im Wohnzimmer. Taktische Erklärung, Interviews mit prominente Altfußballstars, Schlachtg'säng. „Wo isch s'Bier, Bruno?", ruft de Norbert mit vollem Mund. „Im Kühlschrank!" Er kommt in d'Küch, schnappt sich die zwaite Frikadell. „Net schlecht, des Zeug", sagt er. Ob ich Senf hätt. En Teller bräucht er. Un e Serviett zum d'Finger abputze. Weil ich grad de Salat umschaufel, deut ich mit'm Kopf zum Tisch. „Dort steht alles, Norbert!" Er guckt mir über d'Schulter, schmatzt mer debei ins Ohr. „Ah, Krumbieresalat!" Beim Probiere stecht er mir beinah mit de Gabel in d'Hand. „Essbar. Salz fehlt", sagt er. Schon schüttelt er mir mit'm Salzstreuer vor de Nas rum. Mei Esse aigemächtig würze un dezu nebe mei'm Ohr schmatze. Sowas kann i net habe. Mir schwillt de Kamm.

„Norbert, bitte! Nemm alles mit, was'd brauch'sch un verschwind aus dere Küch!"

Bevor er sich en Teller g'nomme hat, muss er noch die Hälft von de Frikadell abbeiße. Die anner Hälft verbrockelt zwische seine Finger un fallt runner. „Hoppla! Ha'sch irgendwo en Lappe oder sowas?", frogt er beim Kaue. Ich mach e Kopfbewegung. „Ja, dort!" Er dreht sich im Krais. „Wo?" – „Dort, Mensch! Am Wasserhahne!" – „Hätt'sch glei sage könne." Die größere Bruchstückle sammelt er in d'Hand. Er schlenkert kurz de Lappe über de Bode. „Tritt sich fescht!", brummt er z'friede. Mit de dritte Frikadell geht er raus. „Heh, Norbert, es freut mi, wenn's dir schmeckt! Aber die Flaischküchle sin aigentlich für alle und für d'Halbzeit gedacht!", ruf ich ihm hinnerher.

Die deutsche Nationalhymne geht in die mexikanische über. Kaum en Unnerschied. Es klingt net mexikanisch nach Tijuana Brass. Überhaupt net feurig un temp'ramentvoll. Kai Trompeteg'schmetter. Nix Cucuru-Cucuuu. Direkt lahmarschig hört sich des a. Wie unsere. Ich waiß net, alle Nationalhymne, sogar die von afrikanische un südamerikanische Staate, klinge deutsch. Nur die französische net! Beim Nachbar geht's ab! Bei de Marseillaise könnt i grad in're badische Revolutionsarmee ganz vorne mit losmarschiere. Mit mei'm alte Spatzeg'wehrle vom Speicher. Notfalls halt. „Allons enfants de la patrie-ieje." Herrgottsack, do isch Lebe drin! Des geht unner'm Hirn durch ins Blut übers Herz in d'Füß. Bei dem Lied wachst mer heldemäßig über sich raus. Do könnt mer für d'Freiheit alles z'ammeschlage! Alles hie'mache, was dene do obe g'hört! Jedenfalls solang beim Singe net g'schosse wird. De Krumbieresalat isch fertig.

D'Türglock geht. Es schellt Sturm. Des sin die annere. De Manne un de Gerhard. „Hat's scho a'gfange?" In de Küch stemme se Bierflasche uff. De Manne gabelt im Vorbeigeh g'schwind in de Salat. „Hm, gut. Aber irgendwas fehlt. Salz net. Könnt e bissl Schärfe vertrage. Tabasco oder so." De Gerhard kramt im G'würzregal rum. Er lacht: „Ja klar! Gege Mexiko – Tabasco nei!" Ich dreh ihm des rote Fläschle aus de Hand. De Deckel hat er scho abg'schraubt. Mit so'me mexikanische Zungeroller hat er ausg'holt. „D'Finger von dem Salat! Der bleibt so wie er isch!"

D'Mannschafte beziehe Position. De Norbert rennt noch g'schwind uff's Klo, dass er während em Spiel net raus muss. Aber Bier treibt. Grad in de zwaite Spielhälfte. Sie lauere, bis einer uff'm Rase liegt un d'Sanitäter mit de Tragbahr un'm Eisspray komme. Dann spurte se los. Sie pressiere, dass se nix verpasse. S'könnt e Tor falle! D'Wiederholung isch halt nimme so live. Sie warte net, bis se fertig sin mit'm Pinkle. Sie höre vorher uff. Wenn de ärgschte Druck weg isch un sie spüre, dass se's widder e Weile aushalte, breche se so schnell wie möglich ab. Wenn se dann noch durch die offene Klotür höre, dass sich im Spielverlauf was dramatisch zuspitzt, dass de Kommentator immer schneller un lauter kommentiert, am End sogar schreit, dann wird notgebremst un überstürzt weggepackt. Ohne Rücksicht auf Verluschte. Grad sin se rausg'ange, schon stehe se widder vor'm Bildschirm, d'Hand noch am Reißverschluss, e Spritzerle am Hoseschenkel. Wie die Toilett aussieht, kann mer sich denke. Do geht mol in de Eil en satter Strahl unners Klodeckelscharnier, wo mer beim Saubermache kaum beikommt. Oder u'kontrolliert überraschend schräg weg über d'Klobürscht. Egal. Es isch jo net s'aigene Klo. Ich kenn des doch. In krasse Fäll, wenn mer's arg sicht, reißt mer schnell en Meter Klopapier von de Roll un wischt flüchtig drüber. Nach'm Fußballgucke muss ich immer s'Klo putze. Un immer hocke se bei uns rum. Mer könnt a mol zum Norbert haim. Der wohnt seit Jahren widder vorübergehend bei seiner Mutter. Die putzt gern.

Ich hab de Dagmar versproche, dass ich dene Bursche sag, sie solle sich bitte zu dem G'schäft setze. Ich krieg's net fertig, sowas zu verlange. S'isch mer zu peinlich. Im Sitze pinkle – de Manne! Im Lebe net! Der däd lieber nimme komme. Ich mach's halt. Ab un zu. Wenn d'Dagmar um de Weg isch. Sie hat mir des mühsam adressiert. S'geht gege mei Natur als Mann. Immer, wenn ich beim Pinkle sitz, krieg i en haimliche Zorn über die unwürdige un widernatürliche Haltung. Schon als Bu war mer stolz, dass mer sich net setze muss wie d'Mädle, sondern so unkompliziert, spaßig un g'sellig pinkle kann. Mit Ziel- und Weitpinkelwettbewerb un Name in de Schnee schreibe, gelbgrün, sogar mit'me Punkt am Schluss. Des war net leicht. Un jetzt, als Mann, soll mer sich langweilig un artfremd hie'hocke. Wie'n abg'richteter Königstiger im Zirkus. Ich glaub, in dene geht was ähnliches vor, wenn se uff ihrem Hocker e Männle mache müsse und d'Pfote hebe. Deshalb fauche und brülle die so. Zaige ihr Zähn, schlage nach'm Dompteur. Wenn se scho so'n Blödsinn mitmache, soll s'Publikum wenigschtens seh, dass des net u'gfährlich isch. Schließlich sin se wild.

Apropos Tiger. De Berthold hopft vom Lesesessel, wo er seit heut Mittag z'ammeg'rollt g'schlofe hat. Mol uff de linke, dann uff de rechte Seit. Der Betrieb isch'm zuviel. Für Fußball int'ressiert er sich net. De Berthold isch e Prachtexemplar von 'me getigerte Kater, aber stinkfaul un bequem. Mir habe'n in Pflege g'nomme von'me befreundete Ehepaar. Über de Urlaub. Dass er net in so e lieblose un unpersönliche Tierpension muss. Aber ich glaub, des wär dem egal. Hauptsach, er kriegt regelmäßig seine Mahlzeite serviert. Sei Leut mache en kombinierte Bildungs- un Tauchurlaub in Ägypte, un mir habe jetzt drei Woche lang die dicke Wurscht dehaim rumkurgle, die mir jeden Tag vorführt, dass es doch a so geht, ohne Stress un Schaffe. Er streckt sich genüsslich. Hinne bleibt er wie hochgebockt steh, mit de Vorderpfote geht er tief am Bode so weit vor, dass er in de Mitte immer dünner un länger wird. Debei sperrt er s'Maul uff, gähnt bis zum A'schlag un zittert vor Wohlbehage bis in d'Schwanzspitz. Dann setzt er sich in de Halbkrais von sei'm Schwanz un guckt im Zimmer rum. Er hat Zeit. Er wartet, bis er zu sich kommt. Un wenn er bei sich isch, hat er Hunger. Wehe, sein Napf in de Küch wird net glei g'füllt! Er schreit gottsjämmerlich un guckt vorwurfsvoll zu ai'm hoch, schleicht ai'm um d'Füß rum, dass mer ins Stolpere kommt.

S'Spiel hat a'gfange. „Jawoll, nur so geht's", ruft de Norbert. Der fette Gerhard, der sich nur in dringende Notfäll schnell bewegt, schreit aus'm Ledersessel: „Lauf! Lauf doch, Mann!" Im Fernseh un im Wohnzimmer steigt de Geräuschpegel wie e Raket un sackt enttäuscht ab. De Gerhard lasst d'Händ uff d'Schenkel falle. De Manne winkt ab. „Die Mannschaft isch zu alt!" – „Schwätz doch net!" „Ha, wie alt isch'n de Lothar? Siebenedreißig! Des isch im Fußball doch Seniorestift!" – „Guck mol! Guck mol!", schreit de Norbert. Alle gehe mit de Köpf vor. „Schön gedacht!" Ich setz mich endlich dezu. Do jault s'Telefon. Des hätt jetzt net sei müsse. Vielleicht die Frau von vorhin. Im Zimmer isch's zu laut. Ich geh in de Flur.

De Berthold hat sein leere Fressnapf entdeckt. Er streicht mir bei jedem Schritt mit'me fürchterliche Gemaunze um d'Knöchel, drängt sich in de Weg. Ich wär beinah in d'Flurgard'rob g'stürzt. Mir platzt de Krage. Ich stampf mit'me freie Fuß uff de Bode un drück gleichzeitig de Knopf. „Jetzt lass mi mol in Ruh, Sakrament! Hau ab, du fauler Sack! Bär. Bitte?" Es dauert en Moment. Dann meldet sich de Dr. Kappler, de Verlagslaiter. Mir sin per du. Es hat sich so ergebe. In manche Konfliktsituatione hätt d'Höflichkaitsform e bissl uffg'setzt geklunge. „Bi'sch du's, Bruno? – Was war denn des ebe? Ha'sch du so gebrüllt?" – „Ich? Gebrüllt? Ach so! Des war mit'm Berthold, unser'm Pflegekater. Der hat mi grad g'nervt. Horch, Peter, kann ich dich z'rückrufe? Ich guck grad Fußball."

De Berthold sitzt uff de Küchetürschwell un schlagt zornig mit'm Schwanz uff de Bode. Dann verdrückt er sich in d'Küch.

„Klar, Bruno. Bis um sechs im Verlag. Nachher privat. Nur ganz kurz. Folgendes. Hat se dich erreicht?"

„Wer? Ob mich wer erreicht hat?"

„Moment, wo hab ich die Notiz? Die Frau Veith-Zurlinden!"

„Ach die? Die hat grad vorhin a'grufe."

„Ja und? Darf man gratuliere?"

„Von mir aus. Aber zu was? Ich wüsst net."

„Zu dei'm Fernsehauftritt, Mann! Des isch doch was! Freu'sch dich denn net?"

„Doch. Des haißt – ich waiß von nix."

„Bruno! Des gibt's net! – Was hat denn die Frau g'sagt?"

„Du, net viel. Sie hat sich für mei Kartoffelsalatrezept int'ressiert. Plötzlich hat se uffg'legt. Des war's."

„Will'sch mich uff de Arm nemme?"

„Ach was! – Peter, ganz langsam! Ich bin wie dumm. Um was geht's? Ich hör!"

„Folgendes. Die Frau Veith-Zurlinden isch Redakteurin beim Fernseh in Baden-Baden. Des muss se dir doch g'sagt habe!"

„Kain Ton hat die g'sagt."

„Ich versteh des net. – Die wollt dich doch habe für die Sendung ‚Lesezeichen'!"

„Kenn ich net. Was isch des?"

„Eine sehr renommierte Literatursendung. Die kommt jeden erschte Montag im Monat. Um 23 Uhr 15 im Dritte. Diesmal wär's um Regionalliteratur un den Begriff des Provinziellen gegange."

„Wer guckt denn sowas um die Zeit?"

„Deine Kollege, zum Beispiel! Insider un wichtige Leut im Litaraturbetrieb. Ich auch!"

„Aber ich net! Ich schreib de ganze Tag. Nach'm Gschäft will ich von de Arbait nix meh wisse!"

„Bruno, des isch doch für'n Schriftsteller kai Einstellung!"

„Wieso? – Treffe sich vielleicht, sage mer, Platteleger nach Feierabend mit annere Platteleger un schwätze übers Plattelege?"

„Des kann'sch doch net vergleiche! – Mensch, do wär'sch mol aus deiner Mundarteck rauskomme, bekannter wore! Was glaub'sch, was des für de Buchverkauf …"

„Sei mer net bös, Peter. Ich ruf z'rück. Ich glaub, s'isch e Tor g'falle!"

Wie ich ins Zimmer komm, sinke se grad enttäuscht in d'Polschter z'rück. „Des wär's g'wese! De Führungstreffer vor de Halbzeit!" Sie sitze so, dass se jederzeit hochspringe könne. De Manne orakelt: „Jetzt fehlt nur noch, dass die Mexikaner …" Plötzlich fliegt sei Hand vor. Er schreit: „Guck-guck-guck! Sag i's net?" Sie stemme sich hoch, umkralle d' Armlehne, ducke sich vor, als wollte se losspurte. „Oioioi! Uuuh! – Aaah!" Erleichtert falle se in sich z'amme. „Des war knapp!" En Schluck Bier zur Beruhigung. De Gerhard fahrt sich über d'Stirn un langt blind nach de Zigaretteschachtel. „Mei Nerve!"

Im Grund mach ich mir net viel aus Fußball als Sport. Fußball isch für mich eher en g'selliger Anlass. S'isch net so, dass mich e Spiel kalt lasst. Also wenn ich schon guck, dann reg ich mich a uff. Ich steiger mich nei, schrei sogar mit. Vorsichtig un e bissl später als die annere, dann aber laut. „Des war klar Abseits!" Oder: „Im Lebe war des kai Abseits!" Wenn e Spiel vorbei isch, merk ich erscht, dass es mir aigentlich nie so wichtig war, wer g'winnt. Un ich versteh mei Uffregung nimme.

Sie rauche wie verrückt. Sogar de Gerhard, der nimme raucht. Ich sollt lüfte. D'Dagmar hat e empfindliches Näsle was Männerg'sellschafte betrifft. Ich geh zum Fenschter, guck zum Esstisch. Ich denk, mich trifft de Schlag. De Berthold! Blinzle helft nix. Der steht mitte in de Kartoffelsalatschüssel! Im Kartoffelsalat ei'gsunke bis zum Bauch! De Schwanz steht buschig un kerzegrad weg. Mit a'glegte Ohre un uffgepluschtertem Fell drückt er en Buckel raus. Er muss verschrocke sei. Ich guck über d'Schulter. Alle starre uff den Bildschirm. Sie fasse sich an d'Köpf. „Tor", sage se. „Scheiße, des derf doch net wohr sei!" Mei Hand schwebt langsam über de Tisch. Noch en Blick ins Zimmer. Die Torszene wird wiederholt. Blitzschnell pack ich den Berthold am G'nick. Ich zieh'n raus un lass'n uff de Bode falle. Hau ab, du Drecksack! Mit'm Löffel vom Salatb'steck schmier ich die vier Löcher zu, streich alles glatt. S'isch e Sekundesach. De Berthold schüttelt sei Pfote ab. „Zieh Leine, Bertie!", quetsch ich so durch d'Zähn. Er fußelt verstört aus'm Zimmer.

Mit'me Tor Rückstand in de Halbzeit esse mer Flaischküchle un den Krumbieresalat, wege dem ich net ins Fernsehe komm. Ich schöpf mir vom Rand.

S' Ingding oder Gerundium

Bowling
Dancing
Petting
Bodybuilding
Fußballtraining
samstagmorgens
de Volkswage wasche
im Trainingsa'zug
des war früher
mei amerikanisches Weekend
mir war's Gerundium g'nug

heut
geh'n d'Leut Shopping
wenn se was kaufe
un wenn d'Straßebahn kommt
mache se e bissl Power Walking
weil s'Timing net stimmt
statt schneller zu laufe
wenn se freiwillig renne
mache se Jogging
im Joggingdress
die wandere nimme
mit Rucksack un Windjack
die mache Trekking am Sonntag
im Outdoor-Jacket
mit de Trekkinghos
sogar de Kopfsalat
braucht sei Dressing
schmeckt nimme
mit Essig un Öl

ohne Gerundiumsoß

d'Eva geht ins Rebirthing
d'Waltraud hat sich
beim Hausfraueturne
am G'nick verletzt
Verzeihung
beim Stretching
de Hals overstretched
de Fred fliegt stand by
zum Dumpingpreis in d'Domi
zum Diving un Surfing

de Erich grillt nimme
der macht Barbecueing
nach'm Business Meeting
mit de Marketingleut
er hat jetzt en Gasgrill
wege'm leichtere Handling

d'Gudrun macht Parachuting
ihr Rolf macht ... Herrgott!
wie haißt denn des Jumping
mit dem Stresshormon pur?
wo mer so z'rückschnalzt
wie an Hoseträger
knapp über'm Bode
des Rebambling
oder Rebouncing
an de Gummischnur

de Heinz geht Free Climbing
sonntags in de Pfälzer Wald
zurzeit humpelt er halt

nach'me saublöde Falling
alle mache was G'fährlichs
nur ich bin en Feigling
ich mach bloß Leasing
zahl mein Fun Car
bis zum Recycling
im Gerundium

alle wolle Easy Living
sin uff'm Getting More Trip
nur Hard Working will niemand
in dem fucking country
aber halt
fucking isch Partizip

Z'sammeg'rauft

Nach zwanzig Ehejahr
hätte mer uns beinah
aus purer Lebensfreud
e paar Mol getrennt aber
s'wär natürlich scho
e Umstellung g'wese
jetzt warte mer halt
gemainsam uff's Happy-End

mir habe uns
immer widder
z'sammeg'rauft

sieht mer's arg?

Katzewäschbecke

„Sowas Überzwerchs brauche mir net. Die ganz Zeit sin mir ohne so e … so e französisches Katzewäschbecke in Kloschüsselhöh auskomme. Mir wasche uns, wenn's sich rentiert. Regelmäßig gründlich. Mir läppere net ab un zu e bissl do un dort an uns rum. Deutsch wasche mir uns. Net à la française. Sin mir bisher vielleicht dreckich rumg'laufe?", hab i zu de Gerlinde g'sagt. Sie hat abg'winkt. Ich sei altmodisch.

„Das Bidet gehört heute zum Standard im Bad", hat de Verkäufer in dem Sanitärbetrieb g'maint, wo mer d'Bäder fürs Haus bestellt habe. „Des kann sei, aber bei mir halt net", hab ich'n abgeblockt. „Bei mir vielleicht scho", isch mir d'Gerlinde so schnippisch in de Rücke g'falle. Beinah hätte mer vor alle Leut Krach kriegt. Mir hab'n verschobe, bis mer im Auto ware. Der Verkäufer hat mi a'geguckt wie'n Missionar, der so 'me arme, verstockte Wilde s' Evangelium neidrücke will. Er hat mer e Benson & Hedges angebote un plötzlich in'me ganz g'mütliche Tonfall Dialekt g'schwätzt.

„Also lieber Herr Seibold, stelle Se sich vor, ihr Häusle steht. Sie wohne drin, fühle sich wohl", hat er a'gfange zu verzähle, un ich hab mi g'ärgert, dass i aus Versehe gnickt hab. „Großzügige, helle Räum, individuell möbliert, wie mer's heut so hat. E Terrass mit Schabracke-Markise un Grill im Freie. En herrlich angelegte Garte. Nach'm Grundriss habe Se jo Platz genug. E Biotop mit Zierschilf. Vielleicht so'n Zwerg, der drin angelt. Warum net? Wenn's ai'm g'fallt? Un en Wintergarte, wo d'Spaziergänger Sie mitte im Dezember, wenn drauße Weihnachte isch, zwische Kiwi, Dattelpalme, Schlingpflanze und Orchidee sitze sehe könne, wie in'me urgmütliche Privatdschungl. Nebe'm Haus en geräumige Car Port mit Platz fürs Kaminholz un de Rasemäher. Alles wunderbar. Sie freue sich uff Ihr behagliches un repräsentatives Haim. Nach'm G'schäft kurve Sie schwungvoll unner des Car-Port-Dächle un …"

Ich hab'n vielleicht e bissle unfreundlich unnerbroche. „So schwungvoll komm i nach'm Schaffe net haim. Ich bin kain Beamter", hab i g'sagt, „außerdem fahr i mit'm Bus ins G'schäft." Unnerm Tisch hat mer d' Gerlinde mit ihrem Pfennigabsatz uff'm Schuh rumgebohrt un debei den Verkäufer a'glächelt, dass er weiterschwätze soll.

„Reschpekt, Herr Seifert", hat der gsagt. „Umweltbewusst!" De Druckschmerz von de Gerlinde ihrem Absatz hat nachg'lasse, aber ganz hat se de Fuß net weggezoge. Ihr Absatz hat mi durchs Leder gekitzelt. Ich hab uff d'Uhr g'schielt un widder zughört.

„Lasse Se mich mein Fade kurz zu End spinne, Herr Seifert. Ihr Haus, Sie sin rundum zufriede. So weit, so gut. Jetzt passiert folgendes: An'me schöne Obend sin Sie mit Ihrer Frau im Bekanntekrais bei Leut ei'glade, die a frisch gebaut habe. Sage mer, bei'me G'schäftskolleg. Der Mann isch etwa im gleiche Alter, hat e ähnliche Position un e vergleichbares Gehalt. Ihre Häuser sin in Größe un Ausstattung also kaum verschiede. Die habe vielleicht statt'me Gartezwerg so en Zement-Barockengel oder en griechische Gipsjüngling im Garte stehe. Oder sein Zwerg angelt halt net, sondern schafft, schiebt von mir aus en Schubkarre mit Geranie durch d'Gegend. Die habe möglicherweis modern gebaut, asymmetrisch, do e bissl schief, dort e bissl schräg. Do en Blechgiebel, dort en Glaszacke. So – Entschuldigung – so Architektefürz, die en Haufe Geld koschte. Ihr Haus isch gediege un konservativ, wenn i den Plan betracht. Klassische Dachschräge, weite Überhänge, die Geborgehait vermittle. Durchgehender Südbalkon, g'schnitztes Geländer, viel Holz. Allgäuer Stil, könnt mer sage. Alles G'schmackssach. Un über G'schmack lasst sich bekanntlich net streite. Gott sei Dank. Sonscht wär de Zirkus uff de Welt nimme zum Aushalte. Kurz un gut, Herr Seipelt. Sie sitze bei dene Lehmanns oder Schulzes uff de Terrass. Eventuell mit annere Gäscht. Alles nette Leut wie Sie. Es isch e schwüle Sommernacht. Typisch Rheinebene. Ideal zum Draußesitze. Vom Biotop quake d'Frösch. Uff'm Grill brutzle Schweinekammsteaks vom Sonderangebot beim Wertkauf. Die müsse a spare, weil se gebaut habe. Aus dem Fünfliter-Partyfässle schnorchelt Schaum, als wär kai Bier drin. Es isch überhaupt alles wie bei Ihne dehaim. Es gibt nix, was Sie so ähnlich net a hätte."

„Seie Se mer net bös", bin i'm ins Wort g'falle un hab uff mei Uhr geklöpfelt, „aber mir habe noch ainiges zu erledige. Annere Handwerkertermine, Behördegäng. Mir wollte uns von Ihne fachlich berate lasse un eventuell en Auftrag loswere. Ich hab mir den Vormittag im G'schäft net freig'nomme, um mir G'schichte …" Weiter bin i net komme. D'Gerlinde hat mer gege 's Schienbein getrete, weil se mit de Absätz meine Füß net g'funne hat. Der Schmerz war so jäh, dass i in de erschte Wut reflexartig zrückg'staucht hab. Net so richtig fescht, mehr symbolisch. Dass se merkt, dass ich mir des net g'falle lass. Zum Glück hab i net getroffe. Ich hab ihr Hand sanft uff meim Arm g'spürt. Die Bauerei, hat se mich entschuldigt, ging halt an d'Nerve. „Vollkomme klar", hat de Verkäufer g'sagt. „Sowas geht an d'Substanz." Ich hab nix dezu g'sagt. Uff den Krach im Auto hab i mi direkt g'freut.

„Jetzt sin mer glei beim Thema, Herr Seifried", hat der Verkäufer versproche. „Also Sie sitze bei dene Schulze-Lehmanns gemütlich uff de Terrass un sin mit sich un de Welt zufriede. So. Irgendwann im Lauf des Obends müsse Sie austrete. Oder Ihr Frau will sich frisch mache. Do verschlagt's Ihne d'Sprach. Sie stehe in'me orientalische Luxustraum von Badezimmer – alles Marmor. Die Badwann – was sag ich? – das Badebecken drei Stufe erhöht in de Bode eingelasse, von unne beleuchtet. Natürlich mit Whirlpool-Düse. Zwai Doppelwasch-Mulde, nicht mehr freihängend wie früher, sondern mit edel gestylter Porzellankonsole. Do könne sich vier Leut notfalls gleichzeitig exzessiv de Oberkörper wasche, ohne dass se sich mit de Elleboge remple. Dann kaine ovale oder runde Spiegel meh. Nix. Die ganz Wand verspiegelt. Do sehe Se sich permanent in voller Größe, könne Se jede Bewegung kontrolliere. Sehr erotisch, wenn ich mir die Bemerkung erlaube derf. Und eine Nasszelle. En klainer Raum für sich im Pavillonstil. Massagestrahl aus vier Richtunge. Sie komme aus'm G'schäft, fix un fertig. Sie fühle sich wie e Markfünfesiebzig. Drei Minute in so're Nasszell, und Sie sin widder fit. Garantiert. Zwische dene Pflegebereiche, als funktionale und ästhetische Einheit, die Toiletteschüssel und – das Bidet! Als Ausdruck gehobener Sanitärkultur. Un sowas habe Sie net! Un warum? Weil Sie heut e paar Mark spare wolle! Herr Seippelt, der nette Obend bei dene Schulze-Lehmanns isch g'laufe. Des wär jo net weiter schlimm. Aber glaube Se mir, Sie un Ihr Gattin ärgere sich e Lebe lang. Oder Sie reiße irgendwann Ihr ganzes Bad raus un lasse alles, zum Beispiel so e Bidet, nachträglich ei'baue. Aber dann wird's teuer. Von dem Dreck will i garnet schwätze. Ihr Frau wird sich bedanke. Aber bitte, ich möcht Sie zu nix überrede. Hier, so könnt Ihr Bad in etwa aussehe. Die Modelle könne mir kurzfrischtig liefere un komplett installiere."

Er hat uns en Katalog mit farbige Hochglanzbilder unner d'Nas g'schobe. „Haeberling Design" hab i g'lese. In'me Marmorbad hat sich e wunderschöne südländische Frau d'Fußnägel rot lackiert un hat g'lacht debei. „Des isch zum Beispiel das Modell Alhambra". Sein Finger hat uff's Papier getippt. An sei'm klaine Finger hat en Brillant geglitzert. Er isch mer net sympathisch g'wese, der Verkäufer. „Gucke Se sich die Armature a. Do sehe Sie kai häßliche Hebel, Drehgriffe oder Hähne", hat er g'sagt. „Die Bedienungselemente wachse praktisch organisch aus de Wand raus. Des sin Kunschtwerke aus Metall. Hier vergoldet. Des muss net sei. Die gibt's auch versilbert. Oder in Edelstahl. Isch natürlich preislich en enormer Unnerschied. Ehrlich g'sagt, ich würd Ihne zur Stahlausführung rate. Des reicht vollkomme un isch immer noch sehr repräsentativ.

„Was däd denn der Spaß koschte?", hab ich g'frogt. Er hat widder e G'sicht gezoge, als hätt i was Saublöds gsagt. „Ich kann's Ihne nachher gern ausrechne. Aber vorneweg g'sagt: Mer kann sich billiger wasche, lieber Herr ... wie war de werte Name noch?" – „Seibold." – Irgendwo hat e Telefon geklingelt. „Sie entschuldige mich en Augeblick", hat er uns gebete und mit ai'm Mol widder hochdeutsch g'schwätzt. „Bin sofort wieder bei Ihnen. Schauen

Sie inzwischen den Katalog mal in Ruhe durch. Aber denken Sie daran, man baut in der Regel nur einmal im Leben. Und das Bad ist die kulturelle Visitenkarte des Hauses." Beim Gehe hat er den Katalog mehr zur Gerlinde g'schobe. Die hat en ganz rote Kopf un glänziche Auge g'habt. Ihr Mund war beim Durchblättere halb offe. Sie hat freudig erregt ausg'sehe. Ich hab förmlich g'spürt, wie se sich in die Fraue uff dene Bilder neidenkt. Un wenn sich d'Gerlinde mol in was neidenkt, isch von auße nix meh zu mache.

Fürs Erdg'schoss hat se sich mit dem Verkäufer fürs Modell „Alhambra" entschlosse. Net vergoldet. Nur versilbert. „Mache mer en Kompromiss, Heinz", hat se g'sagt. Ich hab vornehm un e bissl belaidigt g'schwiege. Es war kai billigs Schweige. Aber mer hat halt sein Stolz. Für obe habe mer die Edelstahl-Ausführung vom „Pompeji" g'nomme. Mit italienische Kachle. Alles „Haeberling Design". Vom Finanzielle hab i s' G'fühl ghabt, mir baue unser Haus um zwai Bäder rum. Über den Krach im Auto möcht i kai Wort meh verliere. Er isch rum. D'Nadel vom Drehzahlmesser hat laufend im rote Bereich gezittert. E Wunder, dass nix passiert isch. Heut isch des alles vergesse. Der Verkäufer war en Drecksack. Aber wenn ich so en Sanitärbetrieb hätt – den Mann däd ich sofort mit'me Spitzegehalt ei'stelle.

Un ich muss sage, ohne so e Bidet könnt ich mir s' Lebe garnimme vorstelle. Von de Sanitärkultur her. Es stimmt scho. Mer wird net an alle Körperstelle gleichmäßig dreckich. An de Elleboge schwitzt mer generell weniger als zum Beispiel an de Füß. Was hat mer früher g'macht? Entweder hat mer sich in d'Badwann g'setzt un komplett g'wasche. Mit Elleboge un allem. Oder mer hat sich vor'm Waschbecke verrenkt. Wenn i an die Rumturnerei vor dene Waschbecke denk! De linke Fuß hochzerre, dann de rechte, balanciere. Heut? Mit'm Bidet isch des e bequeme Sach. Des geht so nebeher. Oder grad im Intimbereich. Was war des immer für en Umstand, wenn mer … also… Sie wisse scho… mit der Frau mol kurz… sage mer, die schönste Sache der Welt g'macht hat? Wege dem bissl an dere winzige Stell… also des isch zwar net direkt

Dreck, aber mer kann's halt hygienemäßig net lasse ... hat mer sich vor'm Waschbecke uff d'Fußzehe stelle müsse, bis mer sozusage unnerum über'm Rand war. Akrobat schön. Un hat trotzdem die ganz Gegend verspritzt. Heut setz ich mich bequem uff mei Bidet, les d'Zeitung un rauch en Zigarillo. Unne isch's angenehm lauwarm. Dort wird alles perfekt sauber. Außerum bleibt alles trocke, un obe informier ich mich.

Unsere Bäder an sich – sanitärkulturell auf Jahre hinaus führend. Mir müsse manchmol lache, wenn mer über Nacht B'such habe. Die Leut komme morgens zum Frühstück raus un mache so, als hätte se sich g'wasche. In Wirklichkait sin se mit dene Bedienungselemente net klar komme un habe's uffgebe, bevor se was falsch mache oder sich durch en falsche Handgriff verbrühe. Debei isch die Bedienung ganz aifach. Raffiniert aifach. Eine ergonomisch abgestimmte Bewegungskombination. Aber ich wett mit Ihne, wenn Se sich net auskenne, kriege Sie do kain Tropfe Wasser raus. Wenn Sie's intressiert, führ ich Sie nachher mol rum. Ich wollt Ihne sowieso s' Haus zaige. Wenn mer bedenkt, dass mir früher über de Hof g'müsst habe, wenn mer g'müsst habe!

Sommergedicht
vom hocke, schwitze, trinke un gucke

Nach'me freie Tisch im Schatte gucke
net mittedrin, wo alles guckt
net so abseits, wo mer nix sieht
weil mir so gern Leut a'gucke
d'Leut sin immer die annere

do wird was frei
glei zuschlage
danke sage un
gell, mir wollte Sie aber net vertreibe
sich sofort falle lasse
endlich sitze, hockebleibe
am Verdurschte sei

de Bedienung winke
Frollein rufe
immer lauter
wieso guckt die net her?
mit de Finger schnalze
drohe mit'm Gehe
halb im Stehe
rumfuchtle un schreie
bis alle Gäscht gucke
nur des Frollein net
tragt ihr Tablett
mit dem kalte Nass
stur an de trockene Häls vorbei
als wäre mir Luft
des macht die extra

des kann bloß Absicht sei
sieh'sch des?
de Nebetisch kriegt scho was
un isch nach uns komme
Unverschämthait
direkt e Schweinerei
de G'schäftsführer verlange
ach was, net lang rummache
de Besitzer informiere
bei Beschwerde immer glei obe a'fange
dann vergeht alle Unnere s'Lache

aifach uffsteh un fortgeh
s'ghört grad g'ange ohne zu zahle
wie will'sch denn des mache?
mir habe nix g'habt
was mer net zahle könnt
so juckt die des net
mir mache nur Plätz frei
des seh i net ei
ich bleib da hocke
un wenn i vertrock'n
wenn nur der Durscht net wär

jetzt guckt se – wink schnell
hat se's g'seh ?
g'nickt hat se – sie kommt her

endlich was kriege
nimme zugucke müsse
wie die annere trinke
selber was habe
jetzt aber!
schnell noch Prost sage

d'Krügle z'ammeschlage
nochmol durchschnaufe
de Hals rohrgrad biege
dass es sauber fließt
dass sich nix staut
un a'setze
über d'Nas ins Glas gucke
nur sehe was mer trinkt
mit de Auge drin versaufe
d'Unnerhaltung ei'stelle
nimme schwätze
schlucke
schlucke
nur schlucke
dass d'Auge nass rausdrücke
schlucke
dass de Adamsapfel kullert
Durscht wegschlucke
sich druff freue
widder Durscht zu kriege
bloß schwitze un schlucke
d'Sonn wandere lasse
die Hitz aussitze
Leut a'gucke
so e Sommervergnüge!

Schwaiß von de Stirn wische
e Muck aus'm Bier fische
net verdrücke – krabble lasse –
krabble lasse
hoffentlich kommt se widder uff d'Füß
dass se widder fliege kann
nix so richtig mache
alles bloß so nebebei

d'Schlappe ausziehe
bissl mit de Fußzeh trainiere
friedlich sei
durch die dünne Schwimmbadfetze
des laue Obendlüftle spüre
sich schmuse lasse vom Wind
mundfaul über Gott un d'Welt spekuliere
über'm Herrgott sei Leut schwätze

guck mol die do dort
wie kann mer nur bei dere Figur
so e Hos a'zieh
der Po – ordinär
schätz mol wie alt
glotz doch net so
die guckt jo scho her
die maint am End
dass dir des g'fallt
g'fallt dir denn des?
stell dir mol vor
du hätt'sch sowas im Bett
was mach'sch dann?
um Gott's Wille
mit ai'm Satz wär i draus
aber Hauptsach, s'gfallt ihrem Mann
un so wie der druffguckt
sieht's grad so aus

guck mol unauffällig
hinner dich
aber dreh di net rum
net do – mehr zum Klo
du lach'sch dich krank
Jesses, isch der b'soffe

hat der de Hoselade offe?
was guckt denn do raus?
de Zipfel vom Hemd guckt aus'm Schlitz
ach Gott
ich hab scho g'maint
er hätt sich was ei'geklemmt
aus seiner Sakkotasch
hängt e verkrumpfelte Krawatt
wer waiß, was der für Probleme hat
womöglich e Schicksal
un des bei dere Hitz

er will bezahle
des mu'sch g'seh habe
dreh dich mol schnell
ganz vorsichtig rum
wie er im Geldbeutel kramt
als wollt er nei'schlupfe
glei kippt er nach vorne um
hoppla
sag ich's net!
wenn ihn die Frau net g'fange hätt
nüchtern wär des en Frauetyp
also b'soffe passt zu dem net

komm, sag du ihm als Mann
dass er net so rumlaufe kann
mit'm weiße Hemdezipfel raus
ach was, lass
des merkt der nimme
un was mer net merkt
macht ai'm nix aus
des isch dem egal
der geht heut nimme

zur Damewahl
dein Frauetyp
außerdem isch Weiß
immer e schöne Farb
egal wo's raushängt

oh, guck mol zum Ei'gang – aber dezent
beim Biertransparent
do kommt e Pärle
zuck net z'amme
wenn'd die seh'sch
guck langsam weg
ach du Schreck
lobe die Schöpfung des Herrn!
die habe am Stück gut un gern
vierehalb Zentner Lebendg'wicht
normal isch des net
vielleicht e Drüseg'schicht
Funktionsstörung
ja, so ung'fähr
die were zu spät satt beim Esse
des Uffhöre funktioniert net
auf gut deutsch
des isch a'gfresse
net so laut!
du kann'sch net flüschtere
dann halt doch de Mund
zu wenig Bewegung, die Rumhockerei
un immer gib ihm!
ordentlich spachtle debei
Schweinshaxe zum Export
körperlich nix mache
außer e bissl Matratzesport

guck doch dort
die sitze kaum, scho wird s'Esse b'stellt
des müsst wirklich net sei
die verfresse halt ihr Geld
vielleicht habe se recht
sieh'sch des? Guck mol, guck!
do konzentriert sich alles
rund um de Mund
sie schlotzt schon
un er trielt beinah
beim d'Speisekart lese

Frollein, habe Se unser Bier vergesse?
s'hat kai Eil, mir hocke noch e Weil
un s'Veschperkärtle bitte.

D' Sproch für dehaimrum

„Wie bitte? – Was machen die bei ihm zuhause?"

So hat se vor e paar Johr noch mit'me Stirnrunzle g'frogt un ihren Karl-Heinz hilflos a'geguckt, wenn se mir noch'n Wein ei'schenke wollt, un i hab, was selte vorkommt, mei Hand übers Glas g'halte un g'sagt: „Danke, Hiltrud, ich muss los. Dehaim hocke se scho uff'm Schnäpperle un trepple!"

De Karl-Heinz hat dann versucht, sprachlich zu vermittle. Sowas kann mer net übersetze. S'Hochdeutsche isch für sowas zu ai'fach. Un die Leut warte vielleicht a annerscht.

Er hat kurz uff mich gedeutet. „Er maint", hat er ihr erklärt, „er wird zuhaus schon ungeduldig erwartet. Alle sin nervös, weil er net beikommt, wo se doch morge früh in Urlaub fahre wolle, un s'isch noch nix gepackt. Er maint, wahrscheint's kriegt er sowieso jetzt schon Ärger. Un wenn er net glei … Herrgott, Hiltrud! Sie hocke halt uff'm Schnäpperle un trepple! Fertig ab! – Komm, geh, Hubert!"

Ich hab mi g'ärgert, weil de Karl-Heinz beim Dolmetsche jedesmol so blöd uff mich gezaigt hat. Un weil er immer g'sagt hat: „Er maint … " Ich bin mir vorkomme wie'n Ei'geborener. Wie en netter, primitiver Wilder mit're ganz verquere Stammessproch, die nur uff're abg'legene Lichtung irgendwo im badische Dschungel g'schwätzt wird.

Aber es stimmt schon. Damals hätt ich mich mit're Negerin aus Zentralafrika fließender englisch oder französisch unnerhalte könne als mit dem Karl-Heinz sein're Hiltrud aus Lingen deutsch. Des heißt, sie hab ich glasklar verstanne. Aber ihr hab ich mich net verständlich mache könne.

Dir kann's egal sei, hab ich mir g'sagt. Wenn der Karl-Heinz schon so eine Exotin von de holländische Grenz drobe beim Single-Cluburlaub in Marmaris in de Türkei drunne kennelernt un maint, er müsst die mit seine fuffzich Johr un re schwere Scheidung uff'm

Buckel Hals über Kopf heirate, isch ihre sprachliche Integration sei Problem. Mich muss die net versteh!

D'Hiltrud isch zehn Johr jünger. Des wird'm e bissl flattiert habe. Er hat sowas wie Torschlusspanik g'habt. Obwohl des Tor schon mol hinner ihm zu'gange isch, un er isch arg g'rupft widder rauskomme. Mit de Torschlusspanik isch's wie bei de Katze. Die könne a kai g'schlossene Türe vertrage. Sin se drauße, wolle se nei. Sin se drin, wolle se raus. Die sin uff kainer Seit von de Tür zufriede.

Drei wunderbare, späte Single-Jahre habe mir z'amme erlebt, de Karl-Heinz un ich. Jeder hat sich domols so e Honda-Chopperle gekauft. Von sowas habe mer eigentlich scho immer geträumt. Dezu e g'scheites Outfit. Seitlich g'schnürte Hose aus Hirschleder, Lederjacke mit Franse, Biker-Stiefel. Er alles Natur, ich in Schwarz. So amerikanische Helme, verspiegelte Sonnebrille. In de Nieregürtel hat sich de Karl-Heinz immer d'Samstagsausgabe von de Badische Neueschte Nachrichte g'legt. Zum Wärme. In der Gegend war er schon immer empfindlich. So sin mir sonntagmorgens losgedonnert. Ins Blaue. Ohne Zeitplan un bestimmtes Ziel. Grad so.

D'Schlofsäck un s'Leichtzelt hinne druffg'schnallt. Sogar e Gaskocherle habe mer debei g'habt. Un Aluminiumg'schirr. Mer hat nie wisse könne, was passiert. Wo ai'm de Wind hie'treibt.

Ai'mol habe mer uff're Wies am Straßerand e Süpple koche wolle. S'hat net so recht geklappt. De Wind war zu stark. Mir habe die lauwarme Beutelsuppebrüh mit Champignons an en Apfelbaum gekippt un in're Wirtschaft e prima Zigeunerschnitzel g'esse. Mir habe a nie übernachtet. Aber egal. Hauptsach, mir habe alles debei g'habt un hätte alles mache könne. Niemand hätt g'frogt, wo mer ware. Nirgends habe mer a'rufe müsse, um zu sage, wo mer sin, dass es später wird, oder dass mer überhaupt net haimkomme. Kai Frau hat uns domols Vorwürf g'macht, sie könnt vor Sorg net ei'schlofe. Kain Mensch hat g'merkt, dass de Karl-Heinz un ich fort ware. Deshalb sin mer obends immer gern haimg'fahre. Herrgottsakramentnochemol, des war e Lebensg'fühl!

Mir habe schöne Toure g'macht. Seite an Seite, nach hinne g'lehnt. Über unsere Stiefelspitze habe mer d'Landschaft komme lasse. Die Mittelstraife von viele Straße sin an uns vorbeigezoge. Die Badische Spargelstraße un die Schwäbische Dichterstraße sin mer g'fahre. Die Romantische Straße, herrliche lange Kurve. Sämtliche Burgestraße sin mer entlanggebullert. Die Pfälzer Weinstraß isch für Motorradfahrer net so attraktiv. Die Schwarzwaldhochstraß isch fahrtechnisch int'ressanter, un s'gibt a weniger Weinwirtschafte, wo mer vorbeifahre muss. Mir habe über unsere Ärm an de Lenkstang obe s'ganze Elsass g'seh. S'Krumme Elsass bis Bitch, gut zu fahre, wenig Verkehr. Die Route de Vin habe mer g'macht. Dann die Route de Fromage, d'Route de l' Amitié un d'Sauerkrautstroß. Dort g'hört, nebebei g'sagt, de Mittelstraife mol frisch markiert. Wenn's inzwische net g'macht isch. Ich war kürzlich mit'm Auto dort. Aber do isch mer von de Landschaft halt so abg'lenkt, dass mer uff sowas net achtet.

Wenn mir zwei an dene Ausflugsorte d'Mopeds uffgebockt un unsere schwarze Halstücher von de Nase gezoge habe, hat alles geglotzt. Der Karl-Heinz hat plötzlich kein Bauch meh g'habt. Ich hab so'n Gang kriegt, als müsst ich mich schwer beherrsche, um kain Baum rauszureiße. Radler habe mer getrunke un d'Kart studiert. In solche Momente sin mer jung g'wese. Des war ein unbeschreiblich saugutes G'fühl. Freiheit halt.

Un jetzt? Die Hiltrud isch mit zwai Brüder uffg'wachse. Baide sin bis heut ei'gflaischte Motorradfahrer. Sie komme ab un zu uff B'such. Dann muss der Karl-Heinz immer en Kaschte Bier mehr hole. Zwai, drei Tag lang stehe ihre schwere Maschine vor'm Haus. 1500er Honda. Wenn aine fehlt, macht die Hiltrud e Spritztour. Mit zwanzig hat die scho de Motorradführerschein g'habt. Vor e paar Johr hätt se schweren Herzens ihr Laverda verkauft, hat se verzählt.

Jetzt fahrt sie, un de Karl-Heinz, der Simpl, hockt hinne druff. Aus alter Freundschaft bin ich noch e paar Mol mitg'fahre. Aber der A'blick von dene zwai uff'm Moped hat mich fertig g'macht. S'isch nimme wie früher g'wese. D'Hiltrud bestimmt s'Tempo, d'Streck un wo mir wie lang Paus mache. Un de Karl-Heinz klammert sich hinne an ihr fescht. Ich hab's nimme mit a'gucke könne, wie sich mein alter Spezi zum Aff macht.

Die letschte Tour nach Wissembourg zum Flammkucheesse hat mer dann de Rescht g'ebe. Wie mer am Wirtshausgarte vom „Saumon" absteige, hab ich schon g'seh, dass g'lacht wird. Dass sich e paar Leut s'Maul verreiße. Ich nemm de Helm ab un hör grad noch, wie ainer zu seiner Frau sagt: „... hockt hinnedruff wie'n Mehlsack, un d'Mutter fahrt. So isch's recht!" De Helm unner'm Arm, hab ich unner de Kaschtaniebäum zwische de Tisch g'wartet. D'Hiltrud hat sich natürlich im Rückspiegel noch d'Lippe schminke un kämme müsse. Ich hab verlege an mei'm Halstuch rumgezupft.

Plötzlich bin ich mir in meiner Franselederjack blöd vorkomme. Wie so'n alter Spinner mit'me Easy-Rider-Tick. Bei'me ganz normale Sonntagsausflug als Davy Crockett verklaidet. Die innere Ei'stellung zu mei'm abenteuerliche Outfit hat nimme g'stimmt. Des Verwegene von meine g'schnürte Hischlederhose isch mir mit ai'm Mol verdächtig g'wese. Hätt'sch a e leichtes Sommerhösle a'ziehe un mit'm Golf fahre könne, hab ich mir g'sagt. Des wär wenigschtens noch bequem g'wese.

Dann hab ich noch g'seh, wie'n Elsässer sei Madam mit'm Ellboge stumpt, dass se zu mir herguckt. „Bi de Schwobe mache die alte Jüngg'sälle hüt schient's Tour de France. Melancholisch sieht er üs, säller do. Der macht misch dänke an e Pflüm, e Vieux Prune in Armagnac ingelegt." Sie habe g'lacht.

D'Woch druff hab ich mei Maschin in d'Zeitung g'setzt. Ich hab sowieso Malheur mit de Bandscheibe. Jetzt fahr ich viel Rad. Mit'me hohe Lenker, dass i uffrecht sitze kann. Des sei besser für mein Morbus Scheuermann, hat de Orthopäd g'sagt. Ebene Strecke, wege de Knie. Klainere Wanderunge hat er mir empfohle. Un viel Rückeschwimme. Nimme Motorradfahre.

Ab'me gewisse Alter muss mer froh sei, wenn mer noch relativ viel e bissl mache kann.

Manchmol träum ich nachts noch von der Biker-Zeit mit'm
Karl-Heinz. Wie mer bei Forbach durch de Grand Canyon g'fahre
sin. Oder weschtwärts mit de Fähr bei Plittersdorf über de Rio
Bravo. De Karl-Heinz zieht gleich. In de Sonnebrille spiegle mer
uns gegeseitig. Jeder sieht sich in de Brill vom annere fahre. Kurze
Verständigung durch Handzaiche un Kopfnicke. Alles klar. Stopp
am nächschte Lokal. Mir rolle vor. Im Traum spür ich des Vibriere
vom Motor zwische de Schenkel bis hoch ins G'nick. Arg a'gnehm.
Komisch, mir halte immer vor de gleiche Wirtschaft. S'isch e großes
Ausflugslokal mit're herrliche Terrass' am Weintor in Schweigen.
Dort ware mer halt oft, bevor mer ins Krumme Elsass weiterg'fahre
sin un habe mol zwai nette Fraue uff de Terrass' kenneg'lernt. Mir
halte am Ei'gang. Ich guck zum Karl-Heinz rüber. Mir kippt vor
Schreck d'Maschin um. Fallt mer uff de Fuß. S'tut aber net weh.
Ich seh d'Hiltrud. Sie zieht de Zündschlüssel raus un lacht. De
Karl-Heinz isch garnimme debei. Ich sitz senkrecht im Bett un
reib mir s'Knie am linke Fuß. So Träum sin was Verrücktes. Aber
deshalb muss ich net zum Psychiater renne. Wenn ich uffwach, isch
d'Hiltrud fort. Beim Karl-Heinz isch's grad umgekehrt. Des könnt
i net aushalte. Ich hab absolut nix gege d'Hiltrud. Als Kumpel isch
die prima. Aber als Mann könnt i se net immer um mich rum
vertrage. Sie hat ihre Qualitäte. Vor allem Führungsqualitäte.

Es isch weit, aber e paarmol im Johr fahre se nach Lingen hoch.
Zu Familiefeiere un zum Schützefescht dort. Uff jeden Fall aber im
November. Dann muss de Karl-Heinz Grünkohl mit Pinkel esse un
halbe Getreidefelder Doppelkorn wegtrinke. Marc de Gewürz oder
e Kirschwässerle helfe gege des Esse überhaupt nix.

De Karl-Heinz hat sich mit de Hiltrud e vielköpfige un
trinkfreudige Verwandtschaft zug'legt. S'isch ihm recht so. Mit alle
kommt er wunderbar aus. Sie höre ihn gern schwätze. Sie freue sich
an dere urige Sproch, die se net verstehe. Nur ab un zu sinngemäß
en Brocke. Aber des isch im Fall von Verwandtschaft garnet so
verkehrt. Niemand kriegt so leicht was in de falsche Hals. Wenn
mer nix verstent, bleibt mer vorsichtshalber freundlich, lächelt un

nickt e bissl. S'wird scho net so wichtig g'wese sei, denkt mer sich, bevor mer s'Thema wechselt.

Wenn de Karl-Heinz vor'm Mittagesse zur Schwiegermutter in d'Küch kommt un ruft: *„Au, Gerda! Derf i mol gucke wie's schmeckt!"*, kriegt die Frau natürlich erschtmol en Schreck. D'Hiltrud muss ihr erkläre: „Ne, er hat sich nich gebrannt, schon garnicht verbrannt, Mutter! Er will nur mal eben probieren!" Dann kann's sei, dass de Karl-Heinz sei Schwiegermutter in de Arm nemmt un lacht: *„Ha'sch gedenkt, i hätt'me verbrennt? A wa! So dappich bin i net!"*

Des hat die Frau dann a net so recht kapiert, aber de Karl-Heinz derf gucke wie's schmeckt. Manchmol kocht er selber. Was Süddeutsches. Saure Kuttle hat er mol g'macht. Sie habe's g'esse, aber s'war net ihr Sach. An ihre G'sichter hat mer's g'sehe. Coq au Riesling esse se gern. De Karl-Heinz bringt immer e paar Kischte Elsässer Wein mit. Wenn ihm d'Gerda beim Koche über d'Schulter guckt – genauer g'sagt, blickt oder schaut, was bei uns kain Mensch macht, dann fächelt er mit'm Topfdeckel un zaigt uff de Wein un sagt: „Guck, s'isch bloß noch *e Stümple drin. Do hab i jetzt gleivoll die ganz Flasch voll nei'gleert. Sieh'sch wie des riecht?"* Ich nemm a, die Frau nickt, lächelt, geht aus ihrer Küch un kratzt sich drauße am Kopf.

Oft verstehe se ihn am beschte, wenn er nix sagt. Sie sehe, was er sage will. Wenn er mit de Kartoffelschale in de Händ suchend in de Küch rumguckt, langt des. Er muss net noch froge: *„Wo'sch'n de Dreckaimer fürs Bitzich?"* D'Sproch macht's nur kompliziert. Er hüschtelt, dass mer herguckt. „Nassmüll is hier!", sagt d'Gerda.

Komisch, des Wörtle Bitzich hat se sich g'merkt. Jedenfalls u'gfähr. Neulich hätt er G'müsabfäll in d'Lingener Zeitung g'wickelt un g'sagt: „De Dreckaimer für de Nassmüll isch voll, Gerda. Do *fliegt alles raus un fahrt uff'm Bode rum.* Wo kann i des *hie'schmeiße?"* Sie hätt'n erscht ganz verschreckt a'gstarrt. Er hat ihr die Abfäll unner d'Nas g'hobe, also g'halte, un ziemlich hochdeutsch widderholt: „Wohin *do demit?* Der Eimer quellt über!" Jetzt hat se's kapiert. „Ah ja! Pack das … das Gebützig, wie das wohl im Schwäbischen heißt, einfach in'ne Plastiktüte. „Er hat sein Ärger runnerg'schluckt. Dass se vielleicht was merkt, hat er extrabrait schwäbisch z'rückg'frogt: „Hend mer denn au e Gückle, wo zom Wägdue net z'schad ischt?" Sie hat den Unnerschied im Schwätze garnet mit'kriegt. „Die Tüten sind unter der Spüle!", hat se g'rufe, ohne sich vom Herd umzudrehe. Seither waiß er, dass bei de Schwiegerleut d'Gucke unner de A'richt sin.

Des wurmt de Karl-Heinz als Badener. Kaum fahrt er von dehaim fort, wird er zum Schwob un schwätzt schwäbisch. Dass en Schwob irgendwo für'n Badener g'halte wird, des gibt's praktisch net. Des wär'm Karl-Heinz zwar a net so recht, aber s'wär immer noch die bessere Verwechslung.

Bei dene Nordmensche gibt's uns Badener überhaupt net! Als Volksstamm kenne die uns net. Mir sin dort niemand. Bloß Schwobe! Den himmelweite Unnerschied zwische dene Menscheschläg kann mer dene Leut net klarmache. Sie wisse's halt net besser. Sie meine's jo net bös.

Mer müsst mol en Schwob zum Vergleiche mitbringe. So'n richtige Schwob aus Balinge oder Nürtinge. En Stuttgarter däd's a. Es gibt jo überall g'nug Typische. Den müsst mer e Woch lang zur Gegenüberstellung bei de Schwiegerleut in Lingen ei'quartiere. Als schwäbischer Schwiegersohn. Uff des Abschiedsesse im noble „Landgasthof Mertens", wo de Karl-Heinz d' Schwiegereltern als Dankschön immer ei'ladet, könnte se do lang warte. Der däd vielleicht in de Pizzeria „Da Pino" d'Getränke übernemme. Un beim Fortfahre gäb's en warme Händedruck mit'me herzliche Vergeltsgott. Des wär e lehrreiche Lektion in vergleichender Stammeskunde.

Aber ain's wär bei'me schwäbische Schwiegersohn genau so wie bei ihm. Er däd sich a nützlich mache, wenn er e Woch lang dort wär. Mer isch doch net uff B'such. Als Gascht derf mer nix mache. Als Familiemitglied derf mer wenigschtens schaffe. Wer mol zu're Familie g'hört, der wird dort nie mehr zum Gascht runnerg'stuft.

Wenn de Karl-Heinz zum Schwiegervadder sagt: „Paß uff, Fritz, bis zum Sonndag sin mer noch do. *Morge helf i dir helfe de Dachkandel vom Schöpfle flicke*", versteht der Mann wahrscheinlich net viel. Aber er freut sich trotzdem. Weil's so hilfsbereit klingt. De Karl-Heinz schafft viel, wenn se bei de Schwiegerleut sin. Bei so'me große Haus mit Garte gibt's immer was zu mache. Un de Fritz war Maurer. Seit er in Rente isch, hat er d'Baustell uff sei Grundstück verlegt. Er sei halt en Wuhler, sagt de Karl-Heinz, un handwerklich e Käpsele. Also grad s'Gegetail von ihm mit seine zwei linke Händ. Er däd halt mehr so debeisteh un Handlangerarbeite mache, dem Fritz was abnemme oder was hebe. Aber do ging's schon los. Sie schaffe prima z'amme, solang se debei nix schwätze. Wenn de Schwiegervadder uff de vorletschte Spross von de ausgezogene Ausziehlaiter rumturnt un sein Taubeschlag repariert, kann de Karl-Heinz ruhig hochrufe: *„Main'sch des Lättle hebt?"* Es passiert nix. Er kriegt nur kai Antwort. Wenn er aber unne nach de Laiter greift un zur Beruhigung nach obe ruft: „Komm'sch dra? Wart, *ich heb d'Laiter!*", wird's g'fährlich. „Bist du verrückt, Mensch! Hände weg!", hätt de Fritz domols gebrüllt. D'Nägel seie'm aus'm Mund g'falle, und er, de Karl-Heinz, hätt beinah den schwere Hammer uff de Kopf kriegt. De Fritz hätt sich scho am Lättle vom Taubeschlag feschtgeklammert. Möglicherweis hätt's sogar g'hobe. Wenn der was macht, macht er's richtig.

B'sonders schön sin immer die Familiefeschtle, wenn alle eng um de Tisch rum hocke, die Schwäger un Schwägerinne mit ihre Fraue un Kind un Kegel. De Karl-Heinz isch halt en Familiemensch. Mit große Bierschlück trinke se sein mitgebrochte Wein weg. Er kann's kaum mita'gucke. Sie kriege Durscht vom Spätlese-Trinke un steige widder uff ihr kornverfeinertes Flaschebier um. Wenn er was zu vorgerückter Stunde, wo's laut zugeht, dezwischeschreit un alle gucke ihn a wie e Frogezeiche, dann sagt d'Hiltrud: „Also er meint …" Manches kann se net übersetze. Netmol grob sinngemäß. Wenn er se an sich drückt un debei zu de Schwiegerleut sagt: *„Alter Freund, euer Tochter kann e ganz schön's Ripp sei.*

Die hat e spitze Gosch, des Mensch!", muss se kapituliere. Aber weil
se jo baide lache, muss se nix erkläre, d'Hiltrud. Ihre Eltern denke
sich wahrscheinlich, s'wird so e süddeutsche Zärtlichkait g'wese
sei. Sie habe sich sowieso dra g'wöhnt, bei ihrem schwäbische
Schwiegersohn aus'm Badische net jedes Wort verstehe zu müsse.
Sie höre halt uff de Tonfall, gucke uff seine Händ un achte uff sei
G'sicht, wenn er schwätzt. E Wörtle kapiere se immer. Des langt.
De Rescht könne se sich u'gfähr z'ammedenke. Un wenn net, sehe
se wenigschtens, wie er's g'maint hat.

Leut, die hochdeutsch spreche müsse, also net frei rede könne,
weil se beim Schwätze uff Regle a'gwiese sin, maine immer, mir
mache grammatische Fehler. Dass mer zu're Frau manchmol „das
Mensch" sage muss, begreife die net, obwohl des logisch isch.

Was will'sch denn als Mann mache, wenn'd mit de normale
Grammatik bei Fraue net weiterkomm'sch? Die weibliche Natur
isch oft zu kompliziert für de Duden. Die isch so überzwerch,
dass e ainziges G'schlechtswörtle net ausreicht. Do helft nur die
grammatische Verzwitterung „das Mensch". Des kann alles un nix
sei. Die ganze männliche Verwirrung über die undurchschaubare
Weiberart steckt drin. Je nach Betonung kann des e Schimpfwort
oder e Kosewort sei. Mer muss uffpasse.

Wenn en Mann d'Hiltrud Motorrad fahre sieht, wie ihre blonde
Haar unner dem Helm hinneraus im Fahrtwind flattere, könnt er
sage: „Guck dir des Mensch a!" Des wär direkt eine erotisch g'färbte
Bewunderung.

Zum Schimpfe nemmt mer meischtens eindeutig klärende Zusätz.
Es gibt zum Beispiel „e Dreckmensch, e elends" oder „e Saumensch,
e dreckichs". Oder in ganz krasse Fäll im ländlich asoziale Bereich
„e dreckichs Saumensch, e elendiges". Do kommt's dann nimme uff
d'Betonung a. Des isch kurz vor de Handgreiflichkait. Do isch alles
g'schwätzt.

En kleiner Bu kann en knitzer Kerle sei. E klaines Mädle isch „e
Menschle", weil die Anlage für des spätere Mensch schon zu ahne
sin. In dem herzwarme Kosewort „Menschle" steckt „knitz" scho

drin. En Großvadder kann die Liebe zu sei'm weibliche Enkelkind net stolzer un zärtlicher in Worte fasse, als wenn er beispielsweis sagt: „Oh, unser Nadine! Des isch e Menschle!" Natürlich hat der Großvadder gut schwätze. Er hat die Nadine net immer um sich. Für die seriöse Seit von de Erziehung isch er nimme verantwortlich. Er isch mehr fürs Plaisir zuständig. Un mit de ausg'wachsene Fraue, dene „Menscher", hat er laider Gottes oder Gott sei Dank nimme viel z'schaffe.

Übrigens wollt d'Hiltrud mol erklärt habe, was des Wörtle „knitz" genau bedeutet. Ich hab's net könne. „Schlau", „gerissen", „schalk-haft", „durchtrieben" oder „liebenswert hinterhältig". Viele Wörter, aber kain's isch „knitz" g'nug. Mit der Sproch im Ohr muss mer uffg'wachse sei. Mir habe se halt scho im Kinnerwage in de Backe gepfetzt un g'sagt: „Was isch, du? Du Knitzer, du? – Guck, wie er knitz lacht!" Ich kann des Wörtle net erkläre. Ich spür d'Bedeutung am Backe.

Oder unser „le", des mir gern an manche Hauptwörtle hinnedra hänge. Für die Dudenschwätzer klingt des drollig un g'mütlich. Wie im süddeutsche Bauretheater. Dene g'fallt des halt. Wie's funktioniert, wisse se net.

Wenn die Lingener Verwandtschaft den Karl-Heinz wege sei'm Dialekt e bissl uff d'Schipp nemme will, sage se: „Na denn, Karl-Heinz, ein gutes Nächt-le!" Nur, des sagt mer bei uns net. Höchschtens, wenn mer d'Schwobe parodiere. De Badener hängt kai „le" an d'Nacht. Defür isch'm de Schlof zu wichtig. Er schafft tagsüber viel. D'Schwobe schaffe vielleicht no meh. Aber die brauche weniger Schlof. Im Schlof geht d'Zeit naus wie nix. Un s'isch nix verdient.

Mit dene zwai Buchstabe muss mer umgehe könne. Die kann'sch net ai'fach überall dra'pappe, als wäre se e normales Verklaine-rungssilble. Des isch e pfiffiges Diminutivle. Mit dem „le", dem winzige „lele" hinne, kriege mir den Alltag besser in de Griff un mache s'Lebe erträglicher. S'isch g'wissermaße e philosophisches Suffixle.

Wenn e Viertel z'viel wär, trinkt mer halt e Viertele. Wenn des a z'viel isch, weil mer noch Auto fahre muss, bestellt mer in Gottsname e Achtel. Wege so wenig steht kain Wirt bei uns gern uff, aber er bringt's grad noch. Aber bitte, kai Achtele verlange! Sonscht könnt's in're volksnahe Wirtschaft passiere, dass de Wirt vom Stammtisch rüber ruft: „Wart, bis'd Durscht ha'sch!" Also e Achtele isch fascht nix. Am beschte bestellt mer e Viertele. Un des Mäule voll, des mer nimme trinke möcht, lasst mer großzügig steh.

Ich hab die Erfahrung g'macht, dass des im Schwäbische net immer geht. Beim Bezahle in're gutbürgerliche Wirtschaft in Heidehaim an de Brenz hat mol e stark gebaute Wirtsfrau uff mei Glas Trollinger gezaigt: „Do isch no äbbes drin, Sie!" Ich bin mir vorkomme wie e Kind. Es hat so resolut un vorwurfsvoll geklunge, dass ich's mit e paar Schlückle schuldbewusst voll leergetrunke hab. Ich glaub, die Frau hätt mich sonscht net rausg'lasst. Sie hat sich in meiner Näh uff'ghalte un ab un zu hergeguckt. Ich hab mi später uff'm Bahnsteig in die schwäbisch Zwangslag von dere Frau versetzt. Was hätt se denn mache solle? Des Viertele war bezahlt, also bis zum letschte Schlückle was wert. Wegschütte hat se's net könne. Selber trinke hat se's net wolle. Als Kochwein derf mer's net nemme. Sowas macht mer net. Außerdem isch Wein eine mit Weingärtnerschwaiß versetzte Gottesgabe, besonders der Trollinger. Der isch e Spezialg'schenk für d'Württeberger. So arg neidisch bin i do als Badener net. Aber g'schenkt isch g'schenkt. Ausleere wär e Sünd. Ich hab uff dem Bahnhöfle Zeit g'habt zum Nachdenke. Mein Zug war mir vor de Nas wegg'fahre. Hätt ich unner Aufsicht von dere Frau mei Glas net voll leertrinke müsse, hätt ich'n grad noch verwischt.

Groß g'ärgert hab i mi net. Was soll's? Wege dem Stündle, hab ich mir g'sagt. Kauf dir am Zeitschriftebüdle so e Käsblättle, hock di uff e Bänkle un wart uff's nächschte Zügle. Wie oft wartet mer im Lebe uff Zügle, die schon lang abg'fahre sin! Un wege dem Terminle heut Obend? Wo se widder wege jedem Dreckle rumhändle! So wichtig isch des net!

D'Lokalzeitung hab ich mir g'holt un e bissle g'lese. In de Näh war widder so e Cessnale in e Waldstückle g'stürzt. Der Pilot, e junges Bürschle, isch glücklicherweis mit e paar Kratzerle devo'komme. Wahrscheint's von dene Zweigle un Äschtle. Ich hab die klaine Annoncekäschtle vom Erotik-Markt studiert. Es ware scho harte Sächele debei. In dem Städtle hätt ich des net gedenkt. Beinah hätt i mei Zügle widder verpasst. Bloß wege dem „le".

Oder d'Hiltrud neulich. „Stell dir vor", hat se g'sagt, „unsere Reinemachefrau, die Frau Weber, hat'n Hirnschlach bekommen!" Ich bin direkt z'ammegezuckt. Net wege der Frau Weber, sondern vor dem brutale Wort. Herrgott, könnt mer des net e bissl netter sage? S'Lebe isch doch oft schlimm genug. Mer muss doch net noch so drüber schwätze! Furchtbar hat des geklunge. Hart un endgültig. Hirnschlag. Fertig aus. Do sieh'sch die arm Frau im Rollstuhl sitze, wie se g'füttert wird. Ich hätt g'sagt: „D'Putzfrau, d'Webern, hat e Schlägle kriegt." So. Des isch natürlich a schlimm. Aber es hört sich vorübergehender a. Do steckt die Hoffnung drin, dass se bald widder putze kann. Ob's dere deshalb besser geht, waiß i net. Aber für ihr Umgebung isch's leichter. Sowas kann schließlich jeden mol treffe. Dann isch mer a froh, dass es nur e Schlägle g'wese isch.

Unser Dialekt isch doch e prima Sproch! Mit'me einzige Silble könne mir aus 'me Schicksalsschlag e Schicksalsschlägle mache. Un wenn mich d'Leut manchmol froge: „Wann kommt mol widder e neues Büchle?", setz ich mich viel entspannter an de Schreibtisch, als wenn ich e Buch schreibe müsst.

Aber z'rück zu de Hiltrud. Die hat des Grünkohl-mit-Pinkel-Esse im Spätherbscht als klaine Tradition im hiesige Freundeskreis ei'führe wolle. Um uns ihr heimische Esskultur näherzubringe. Alle sin komme, un jedem hat's net schlecht g'schmeckt.

Weil mer zu dem Esse, laut Hiltrud, zur Verdauung reichlich Klare trinke muss, war e Bombestimmung. Für d'Haimfahrt habe mer die öffentliche Verkehrsmittel benutzt, Taxi oder Straßebahn. Nur de Jürgen net. Der isch noch g'fahre. Aber net weit. Beim Ausparke hat er de Führerschein verlore, weil er en grün-weiße Volkswage zu 're Notbremsung gezwunge hat. Er hätt noch einwandfrei fahre könne, hat er später behauptet. Er sei bloß zu müd g'wese, um in de Rückspiegel zu gucke. „Fahrschulfürz!", hat er g'schimpft.

S'Johr druff habe alle abg'sagt. Schlagartig sin se mit ähnliche Symptome anscheinend krank wore. Magekrämpf mit kalte Schwaißausbrüch hätte se. Seit Tagen schon. Oder Durchfall mit Schüttelfroscht. Oder Verstopfung mit Sodbrenne. Wenn's am Montag net besser sei, müsst mer zum Arzt. D'Fraue habe d'Männer entschuldigt un umgekehrt. Je nachdem, wer sich durchg'setzt hat als Kranker. Die Betroffene sin immer zu schwach zum Telefoniere. Nur de Alex hat selber a'rufe müsse, weil er damals kai Frau g'habt hat. Er hat öfter kaine. Manchmol hat er zwai. Aber er wird nie so intim mit're Frau, dass die ihn in solche Krankhaitsfäll am Telefon vertrete könnt. Plötzlich seie ihm heut morge d' Auge dick zug'schwolle, hat er geklagt. Er däd ausseh, als hätt er zwai uffgeplatzte Zwetschge im G'sicht. Vielleicht sei Nickelallergie.

Jedesmol hat d'Hiltrud g'sagt: „Jou, schade! Denn kurier dich man gut aus, ne!" Aber de Spitzereiter unner de Entschuldigunge war Brechdurchfall. Des isch immer e griffiges Krankheitsbild. Den arme Deufel sieht mer obe und unne schwer gebeutelt vor sich. Da hat mer Verständnis. Brechdurchfall, wer des hat, soll um Himmelswille dehaim bleibe. Der soll ei'm bloß net in d'Wohnung komme, bevor er net hunnertprozentig herg'stellt isch.

So richtig g'loge habe die Freunde mit ihre Entschuldigungsgründ net. Sie habe nur e bissl g'schwindelt. Sie habe ai'fach uff die Beschwerde z'rückgegriffe, die se nach'm erschte Mol wirklich g'habt habe. Aus Angscht, sie könnte se widder kriege. Dem Alex sin damals tatsächlich d'Auge zug'ange. Am nächschte Tag hat er g'wusst, warum. Er hat die Plomp von der Pinkelwurscht mitg'esse. An seine dicke Auge war des Esse net schuld. Aber kaum war die allergische Reaktion abgeklunge, hat er Brechdurchfall kriegt. Seither hat er so e starke Abneigung gege des Gericht, dass er schon bei dem Name abwinkt un schreit: „Hör mir bloß uff!"

Ich bin de ainzige, der noch jeden November zum traditionelle Grünkohl-mit-Pinkel-Esse erscheint. Ich vertrag's relativ gut. Ich ess des sogar garnet ungern. Schon aus alter Freundschaft zum Karl-Heinz. Ai'mol im Jahr kann mer des doch esse. Un d'Hiltrud isch a net aus'm Weg, wenn mer se net jeden Tag um sich rum hat.

Jetzt isch d'Hiltrud so lang bei uns, aber an ihrer Sprach merk'sch du absolut nix. Unser Dialekt perlt an der ab, wie Wassertropfe an'me frisch imprägnierte Regemantel. Die nemmt nix a. Die kann noch zwanzig Johr do bei uns lebe, die schwätzt, also redet garantiert noch so, als sei se nie do g'wese. In dere Sproch, die mer bloß überall sofort versteht.

S'isch eher so, dass sich de Karl-Heinz durch ihr erdrückende Wortübermacht so schleichend sei Sprach versaut. Er passt sich ihr a. Es sin Kleinigkaite, die der garnet merkt. Aber mir falle se uff.

So fragt er mich neulich, wörtlich: „Wann isch'n *Jürgens Geburtstag?*" Ich hab g'macht, als hätt ich ihn net verstanne. Er hat's nochmol wiederholt. „Ah so, du main'sch *de Geburtstag vom Jürgen, dem Jürgen sein Geburtstag!*" Mein Wink mit'm Zaunpfahl hat er net kapiert. Immer öfter benutzt er de falsche Genitiv. S'gäb viele Beispiele für'm Karl-Heinz sein Sprachverfall. Zu're *Deck* sagt er nimme *Teppich*. Von mir aus. Wenn er maint. Jetzt braucht er für ai Sach halt zwai Wörter. Vor de Hiltrud hat er jahrelang im *erschte Stock* g'wohnt. Plötzlich wohnt er im *Erdgeschoss*. Des isch doch schwachsinnig. Über'm Keller wird e Haus aufgestockt, sonscht wird's net höher. Logischerweis muss mer beim Uffstocke mit'm erschte Stock a'fange. Sonscht wär unner'm zwaite nix! Für mich haißt des E uff'm Fahrstuhlknopf jedenfalls weiterhin Erschter Stock. Fertig! Un wenn ich uff ains drück, bin i im zwaite. So!

Aber gut, jeder soll schwätze wie er will un kann. Nur manchmol ärgert mich die Hiltrud doch. Sie kann's net lasse, mich wege de Sproch zu stichle. Selber nix a'nemme, aber sich uff so e schnippische Art s'Maul verreiße. Sowas hab i gern! Ich mach mich doch a net über ihr Seziermesser-Sprach luschtig! *„Helf mer dra denke,* dass ich dir des Geld z'rückgeb!"*, hab ich mol zum Karl-Heinz im Lokal g'sagt. Er hat mir was auslege müsse. Ich mach net gern Schulde. Deshalb hab i nochmol mit Nachdruck g'sagt: *„Gell, denk mer helfe dra!"* Da lacht die Hiltrud, dass alle Gäscht außerum d'Ohre spitze. „Hubert, wolltest du etwa sagen, er soll *dich erinnern?"* Sie hat mich nachg'äfft. Des kann se. „Denke-mir-helfen-daran! Grauenhaft! Is ja wie'n Volltreffer ins Sprachzentrum, Abteilung Satzbau!" Ich hab en Zorn kriegt. Vielleicht nur, weil in ihrer Sprach alles so zackich un knallhart klingt. Weil ich in dere Sprach kai Schlupflöchle find.

„Komm geh fort, Hiltrud!", hab i abg'wunke–abg'winkt. „Mit dein're saublöde Grammatikbüchles-Babblerei, dein're blöde! Du ha'sch doch kai Ahnung vom kreative Schwätze!"

Des hat g'sesse! Ich hab's net so g'maint. Oder vielleicht doch? Ich weiß es nimme. Jedenfalls isch se belaidigt g'wese. Draiße vor'm Lokal hab ich mit'me Seiteblick zu ihr nochmal extra laut zum Karl-Heinz g'sagt: „Du brauch'sch mi net erinnere! Aber wie g'sagt, *denk mer helfe dra, dass i net vergess, dra'zudenke, dass ich dir des Geld geb!"* Es hat e versöhnliches Späßle sei solle. E Parodie. Aber d'Hiltrud hat net g'lacht. Deshalb hat de Karl-Heinz a net lache wolle. Wortlos sin mer über de Parkplatz zum Auto g'ange. D'Stimmung war gedrückt.

S'hat g'regnt, wie schon de ganze Tag über. „Also langsam könnt's a mol widder *a'fange uffhöre z'regne!",* hab i g'schimpft, nur, dass was g'schwätzt war. De Karl-Heinz hat d'Ärm wegg'streckt. *„S'hört scheint's a'fange uff!"* D'Hiltrud hat de Kopf g'schüttelt un e G'sicht gezoge, als däd ihr was weh. Aber g'sagt hat se nix. Des passiert net oft. Vielleicht hat's ihr vor der Sproch d'Sprach verschlage.

Uff de Haimfahrt hat de Rege uffg'hört. Sogar d'Sonn isch e bissl aus de Wolke komme. De Karl-Heinz hat beim Fahre zum Himmel geguckt. „Guckt mol! Dort drobe! D'Sonn *spickelt* raus! *S'fangt doch a'fange a schöner z'were!"* Er hat sich bei dem Satz nix gedenkt. Er wollt halt die Atmosphäre im Auto ufflockere. Ich bin hinne uff mei'm Rücksitz klainer wore.

D'Hiltrud hat de Mund nimme halte könne. „War wieder so'n schöner, kreativer Satz. Ehrlich, da kriegste ja Migräne, Mensch!"

Des war klar an meine Adress'. Zwische de Sitze hab ich mich vorgebeugt.

„Liebe Hiltrud", hab ich freundlich un ruhig g'sagt un bin mir vorkomme wie en Professor. „Das Leben, besonders das Wetter, verläuft nicht digital, sondern analog. Das heißt, es gibt beobachtbare Übergänge!", hab ich hochdeutsch doziert. Dann isch's mit mir durchg'ange.

„Herrgottsack, des isch doch net wie im Fernseh, wo mer uff's Knöpfle drückt! Zack – es regn't! Zack – s'regn't net! Alles fangt a'fange a. Dann isch's e Weil. Un wenn's lang g'nug g'wese isch, hört's a'fange uff. Des klingt kompliziert, isch aber logisch." D'Hiltrud hat g'sagt: „Du, da gibt's in der deutschen Sprache das schöne Wort ‚allmählich'. Schon mal gehört?" Es hat widder so von obe runner geklunge. Ich hätt mi scho widder ärgere könne. Deshalb hab ich mitlaidig g'lächelt un langgezoge wiederholt: „Allmääählich! – Bis'd des g'sagt ha'sch, hat de Rege uffg'hört! Ich kenn des Wort, Hiltrud! Ich kenn's, aber ich benutze es nicht! Weil's mir net g'fallt! Zum Glück sin mir net uff jedes Wort im Lexikon a'gwiese. Bei uns funktioniert die Verständigung e bissl sensibler!"

Sie hat spöttisch g'lacht. „Entschuldige, Hubert, aber da kann ich wirklich nur lachen!"

„Pass uff", hab i g'sagt, „Beispiel. Mir habe vier *Backe.* Zwai im G'sicht, zwei am … am Gesäß. Die verwechsle mir nie! Mir brauche kaine *Wangen,* um die Backe zu unnerschaide! Sage mer, wenn ainer bei'me Straßefescht im Stehe an'me zähe Steakweck rumkaut, muss er doch net sage „mir schmerzen die *Wangen*"! Dass er sei Backe maint, isch doch klar. Oder wenn mir e Frau en Kuss uff de Backe gebe will, lass ich dann d'Hos runner oder was?

Wenn aber jemand, mol a'gnomme, nach'me zwaistündige Orgelkonzert, nur als Beispiel, vom Kirchebänkle uffsteht, muss der niemand erkläre, welche Backe er spürt. Des sin net die G'sichtsbacke, sondern seine Ar … seine Hinterwangen! Versteh'sch, was ich sage will?"

D'Hiltrud hat de Kopf g'schüttelt: „Ne, kein Wort!" Ich hab Luft g'holt un z'sammeg'fasst: „Ich will sage, Hiltrud, mir gehe sparsam mit de Wörter um. Es braucht net jede Sach ihr aigenes Wort. Die Bedeutung regelt sich beim Schwätze. Un uff dei ,allmählich' könne mer verzichte!"

In dem Moment hat sich de Karl-Heinz beim Fahre ei'gmischt: „Also ich däd sage, *so langsam langt's allmählich! Höret a mol widder a'fange uff!*"

D'Hiltrud hat mol g'sagt, am A'fang sei se sich bei uns sprachlich vorkomme, als hätt se sowas wie'n deutsche Ausländer mit'me große Freundeskreis g'heiratet. Grad in größerer Runde, wo alles durchenanner schwätzt un rumfuchtelt, hätt se die Sprach wie e Geräuschkulisse empfunde. Es hätt wohl irgendwie deutsch geklunge, des Stimmegewirr, aber verstanne hätt se nix. Oder zu wenig, um mitzuschwätze.

Aber des war mol. Heut kriegt die alles mit. Sogar mehr als manchmol sei müsst. De Karl-Heinz muss scho lang nimme de Dolmetscher spiele, un seither kommt er seltener zu Wort. Sie hört sogar die Zwischetön raus. Wenn se mir heut vorm Gehe noch e Glas Wein a'biete will, verstehe mir uns wunderbar. Dann isch des e problemlose regionaltypische Redesituation. Beinah ohne Wörter.

Sie steht mit de Flasch am Tisch. „Na, Hubert, trinkste noch'n Schlückchen?" Ich guck mit'me bedenkliche G'sicht uff d'Uhr un sag: „Was? Scho soviel Uhr? Heieiei! Lieber net!" Ich bleib sitze un deck mei Glas net ab, dass se eventuell gege mein Wille ei'schenke kann. Nach zwai Sekunde verlier ich plötzlich d'Geduld. Ich wink heftig ab un ruf: „Jo alla hopp!" Dann schenkt sie ei, ohne dass ich e Wort g'sagt hab. Ich lass mir praktisch was so uffdränge, dass ich nachher sage kann, ich hätt's net g'wollt. Ich will mit meiner Überredung so wenig wie möglich zu schaffe habe.

Ung'fähr bei de Hälfte ruf ich: „Halt! Nur e Schlückle!" Sie reagiert net un macht voll. Also die Hiltrud hat die Feinhaite begriffe. Die waiß inzwische, dass d'Leut bei uns oft schwätze, um was anneres zu sage.

Ich muss bei der Sprach oft an früher, an dehaim denke. Bei uns wär kain Bisse Esse verkomme. Nach Pfannkuche hat's solang Flädlesupp gebe, bis es kain Pfannkuche meh gebe hat. Mir habe ai'fach nix wegschmeiße könne. Mit de Klaider war's ähnlich.

Bis bei uns was im Lumpesack war, sin mer lang drin rumg'laufe. S'hat drei Sorte Klaider gebe.

Klaider „für gut". Des ware net viel. Weil „für gut" net oft war. Sie habe lang g'halte. Wenn se für gut nimme gut g'nug ware, hat mer se runnerg'stuft. Zu de Klaider „für alle Tag uff d'Straß". Bis es irgendwann g'haiße hat, so könnt mer nimme rumlaufe. Aber dehaim könnt mer se noch a'ziehe. Dann ware se bei dene Sache „für dehaimrum". Dort hat sich alles g'staut. Mir habe immer mehr Klaider „für dehaimrum" z'amme'kriegt. Weil alles zum Fortschmeiße immer zu schad war.

Des ware vertraute un bequeme Klamotte. Nach'm Haimkomme isch mer gern nei'gschlupft.

Manchmol versuch ich, hochdeutsch zu reden. Also „für gut" zu schwätze. Aber es klingt immer e bissl nach mein're Sprach „für dehaimrum". Un d'Hiltrud muss lache un sagt: „Brech dir man bloß keinen ab, du!"

Flirt

sie guckt
ob i guck
aber i guck net

i guck
ob sie guckt
aber sie guckt net

aber irgendwie
habe mer
uns gucke g'seh

Fischzeit

Silveschtervormittag. In de Fischabtailung bei de Lebensmittel schlagt en dicker, netter Mann scho de ganze Morge mit'eme Holzknüppel Fisch dod un wünscht de Kundschaft en gute Rutsch.

Die zimperliche Forelle sterbe scho vor Schreck, wenn se de Knüppel bloß sehn. E kurzes, trockenes Schlägle, un sie rutsche direkt elegant ins Zellophan. Do braucht er kai Kraft, der dicke, nette Mann, des macht er nur mit Technik.

Die klobige Karpfe brauche immer drei voll durchgezogene Schläg. Nach'm erschte zapple se noch un sperre d'Mäuler uff, als wollte se sich beim G'schäftsführer beschwere oder müsste furchtbar staune. Nach'm zwaite klopfe se nur noch aus Protescht mit de Schwänz, un nach'm dritte falle se endlich plump ins Papier un sin normalerweis dod. Manche brauche allerdings noch en Finalschlag, wenn se scho verpackt sin. Prophylaktisch sozusage, dass endgültig Ruh isch do drin. Net dass sich so'n Kerl nur dodstellt un de Kundschaft uff'm Haimweg Ärger macht. Sowas kommt vor.

Vergangenes Johr hat de Eckehard, en Freund von mir, so e Malheur mit sei'm Silveschterkarpfe erlebt. Bei de Ampel vorm Kaufhaus isch sei Tüt plötzlich lebendig wore, hat Schnalzer g'lasst un Sprüng g'macht. Im erschte Schreck hat er des Päckle falle lasse un wollt ai'fach weitergeh, als hätt er nix demit zu schaffe. Aber en Bu hat g'maint, er hätt's verlore un hat's em nachgetrage. Kaum hätt er die Tüt widder in de Hand g'habt un sich in Gott's Name bei dem höfliche Kind bedankt, hätt des Gezappel un Geschlegel widder a'gfange. Er hat sich schnell umgeguckt, ob'n jemand beobachtet. Dann hat er in sein're Verzweiflung die Fischtüt e paar Mol mit aller Kraft, aber so unauffällig wie möglich, gege de Ampelpfoschte g'schlage. Nix zu mache. Der Malefizkarpfe sei immer lebhafter wore, hat er verzählt. Die Schläg müsste bei dem Fisch wie e Herzmassage g'wirkt habe. De Eckehard isch an sich kain G'waltmensch, aber was hätt er denn mache solle? Er beißt d'Zähn z'samme, holt nochmol weit aus – in dem Moment sieht er, wie e ältere Dam uff die Tüt starrt un ins Schwanke kommt. Er hat sein Fisch unner de Arm geklemmt, hat'n fescht an sich gedrückt un isch bei Rot über d'Ampel 'gange. Am Europaplatz hat er sich uff e Bank g'setzt. Er hat die Tüt an de Bode gedrückt un g'schwind d'Füß druffg'stellt, de rechte am Schwanzend, de linke am Kopf oder umgekehrt. In de Mitte hätt sich s'Papier noch e Weil g'wölbt un hätt g'raschelt. De Banknachbar, en junger Mann, hätt zu kaue uffg'hört, hätt sei Currywurscht in de Abfallkorb g'schmisse un sei verstört in d'Straßebahn ei'gstiege. De Eckehard hat so g'macht, als däd er Zeitung lese. Natürlich hätt er kai Wort kapiert, aber des sei in dem Fall egal g'wese. Außerdem könnt mer in d' „Badische Neueschte Nachrichte" a ganz gut bloß so nei'gucke. Er hätt ewig so sitze könne. Irgendwann hat er dann doch vorsichtig d'Füß g'lüpft un des Päckle belauert. Noch ai'mol sei's ihm so vorkomme, als hätt sich was bewegt. Wahrscheinlich nur de Wind. Oder e Sinnestäuschung. Mit de Nerve sei er halt ziemlich fertig g'wese. Nie mehr Karpfe an Silveschter, hätt er sich domols g'schwore. Lieber Fischstäble mit Kartoffelsalat.

Der dicke, nette Mann zwickt en Kassebon an e Tüt. „So, bitte. En gute Rutsch. Wer kommt jetzt?" Er kriegt zwai Zornfalte zwische de Auge. Aale sin Spezialfäll. Die hänge b'sonders zäh am Lebe. Die flutsche leicht aus de Händ un schlängle sich am Bode fort. Wer en Aal umbringt, macht selte e gute Figur. „Herrgottsackzement Kerle, bleib do!", schimpft er un taucht hinner de Thek weg. Bloß sein Fischbengel sieht mer hochzucke. Jedesmol, wenn's dumpf klingt, verziehe d'Leut s'Gsicht. Nach e paar Sekunde kommt sein Kopf widder hoch, rot wie e Fleischtomat. Die Falte zwische de Auge sin verschwunde. Er lacht. Der Aal baumelt wie en nasser Strick in sein're Fauscht. „Na also, warum net glei so?" sagt er. „En gute Rutsch. So, wer isch dra?"

Er krempelt de rechte Ärmel weiter hoch un greift en Hummer aus'm Aquarium mit de Todeskandidate. Vorbestellt auf Dr. Hauck. Alles an dem gepanzerte Urzeitbrocke bewegt sich hilflos un mechanisch, taschtet rum, sondiert ins Leere. Nur sei Schere sin mit Gummibänder g'fesselt, dass er net zwicke kann. Wie en Bausatz sieht des Ding aus. Halb Tier, halb Maschin. Hart, stumm, net zum straichle, aber mit e paar Gramm schwer zugänglichem Delikatesseflaisch unner'm Panzer. Solche Viecher geht's b'sonders dreckich, wenn se in Menschehand falle. Fascht feierlich tragt der dicke, nette Mann den Hummer vor sich her zur Marmorplatt. Wenn er an e akademische Kundschaft Hummer verkauft, schwätzt er so hochdeutsch wie's geht. „Hier, schaue Se, Frau Dokter, ein Prachtexemplar. Soll ich Ihnen den Kamerad mit eme Stromstößle gleich totmache?" D'Frau Dokter reagiert entsetzt. „Wie bitte? – Nein, nein, auf keinen Fall!" Er klappt den sperrige Riesekrebs z'samme, dass er sich besser verpacke lasst un gibt tierfreundliche Ratschläg. „Also, net mit'm Kopf, sondern mit'm Schwanz voraus in de Topf. Dann kann er d'Luft leichter rausdrücke un s'geht schneller. S'Wasser sollt' übrigens nicht nur koche, sondern sprudeln. Also, ein guter Rutsch, Frau Dokter."

Der dicke, nette Mann mit'm Knüppel isch de freundlichschte Verkäufer in de ganze Lebensmittelabtailung, vielleicht sogar in de ganze Stadt. E Wunder isch's aigentlich net. Bei dem staut sich nix uff. Der hat halt sein Fisch.

Gemainschaftserlebnis

d'Sonn steht rot
hinner'm Januarwald
sie warte scho
im Morgelicht
schwätze net viel
schnaufe Nebel vor's G'sicht
en Benz schleicht vor's Haus
de Metzger steigt aus
d'Sau trampelt im Stall
sie spürt de Dod
Säu sin sensibel
sage d'Leut

de Metzger
hat noch Blut am Ohr
er hat sich g'schnitte
beim Rasiere
er wetzt sei Messer
holt en Strick
un spannt sei Bolzerohr
sie trinke Feuerwasser
gege s'Friere

auf geht's, Männer
schaffe mer was
dass mer d'Kälte net so spüre

sie drücke mit de Gummistiefel
ihre Zigarette aus
eh se zum Stall marschiere
de Hausmann

de Nachbar
de Metzger als Fachmann
mit'm Strick voraus

d'Fraue koche Sauerkraut
richte Senf un Serviette
es grunzt un quiekt un schreit
sie drücke s'Fenschter zu
un kriege Gänsehaut
d'Männer fluche
dann isch Ruh
Säu sterbe kurz
aber laut

sie rühre mit de Ärm im Blut
de Metzger putzt Gedärm für d'Würscht
e Zeitlang stinkt's nach Innerei
dann riecht's gut nach Bratwurschtbrei
nach Knoblauch, Muskat, Thymian
Nelkeg'würz un Majoran
s'schlimmschte G'schäft
isch vorbei

alles rennt un werkt un schafft
un lacht im fette Kesseldampf
s'wird verschnipfelt un verhackt
halbiert, gekocht, tranchiert
in Büchse g'stopft un abgepackt
sie gurgle Schnaps aus Sprudelflasche
streue Salz uff Kesselflaisch un Brot
de Nachbar kaut un schmatzt un sagt
am beschte schmeckt's halt doch
frisch dod

so e Hausschlachtung
isch e Gemainschaftserlebnis

– wenn mer net d'Sau isch

Als die Ros noch e Ross war

In're Stund mache d'Läde zu, un ich hab noch nix. Jedes Jahr s'gleiche Theater.

Ich schwitz. Die Luft in dene Kaufhäuser. Die Verkäuferinne gucke mi a, als wollte se mir mit ihre spitze Pumps ins Hinnertail trete, dass de Schuh drin stecke bleibt. So aggressiv sin die. I kann's versteh. Vier Woche lang in dem himmlische Trommelfeuer von Fischerchör, Karel Gott un Regensburger Domspatze, in dem Dauerschmäh von Hosianna un Schellegebimmel stehe müsse. Goldbändele zu Spirale drehe un de Leut sage, sie könnte natürlich alles widder umtausche, ja, bloß de Kassezettel dürfte se halt net verliere.

Jesses, wie ich schwitz! Ganz nass bin i unner de Ärm. Ich hab noch nix. Net emol e Idee. Herrgott, irgendwas müsse mer doch brauche. Des gibt's doch net, dass mir nix meh brauche. Was hab i denn jetzt in de Möbelabtailung zu schaffe? Bloß raus aus dem Irr-garte, aus dene Stellwänd mit dem ganze dode Kruscht. Des sieht ja aus wie dehaim, bloß uffg'räumt. Küchemöbel, leere Sitzecke, Schlafzimmer mit Spiegelschränk, dass mer sich als abg'hetztes Rindvieh in Lebensgröße betrachte kann. Jetzt müsst i ohnmächtig were. Bewusstlos uff so e französisches Bett falle un nach'm Hai-lige Obend, wenn der Zirkus vorbei isch, widder zu mir komme. Im Krankehaus bei nette Schwestere. Un über die ganze Feierdäg dürft kain Besuch komme. Des Pflegepersonal müsst alle abweise un sage: „Mache Se sich kaine Sorge, s' isch nix Schlimmes, er hat bloß g'nug. Im Moment geht's ihm gut, prima sogar. Er derf nur kai Leut seh, sonscht kriegt er en Rückfall." Un ich däd viel schlafe, zwischedurch e bissl lese, dene Schwestere hinnerhergucke un re-gelmäßig e aifaches Esse ans Bett g'schobe kriege. Des wär schön.

Jedes Johr nemme mer uns vor, mit dere blöde Schenkerei bei uns Erwachsene Schluss zu mache un des Geld uff e Spendekonto zu überweise, wo's uff de Welt doch waiß Gott Elend g'nug gibt. Mir spende a immer was. En g'wisse Betrag. En G'wissensbetrag. En g'wisse G'wissensbetrag, so könnt mer sage. Natürlich net so viel wie mer für G'schenke ausgebe. So e schlecht's G'wisse habe mer net. Des wär übertriebe.

Diesjohr habe mer a widder ausg'macht, dass mer uns nix meh schenke. Gut, e paar Klainigkaite vielleicht. E nettes Briefpapier, en b'sondere Cognac, e schöne Schallplatt oder so. Un mir könnte a mol was baschtle, habe mer uns g'sagt. Warum denn net?

Aber ich kenn des inzwische. Jeder zieht haimlich los un kauft ei, rüschtet sich ganz hinnerfotzig un gege alle Abmachunge für den Überraschungsschlag am Hailige Obend, wenn das Fest der Liebe seinen Höhepunkt erreicht. Wenn s'Gschenkpapier raschelt un alles mit rote Köpf durchs Wohnzimmer taumelt, sich in d'Ärm fallt un ruft „Des wär doch net nötig g'wese" und „Du bisch jo verrückt, Helga! Sowas Teueres." Wenn alle Kerze brenne un sämtliche Engel singe wie wahnsinnig, dann lauere se, bis ich auspack. Sie gucke un warte un freue sich druff, bis ich mich endlich a freu. Un ich hab garantiert en Schachcomputer oder e Mondphase-Uhr in de Händ, irgendwas von vierhunnert Mark uffwärts. Dann steh i do un hab nix. Beim Fescht der Liebe mit leere Händ. Oder mit mei'm nette Briefpapier zu zwölf Mark fuffzich, mei'm selbergebaschtelte Hampelmann. Des halt i net aus.

Noch e knappe Stund. D'Gschenkabteilung. Do kriegt mi niemand raus, bevor i net was hab.

„Es ist ein Ros entsprungen von einer Jungfrau zart, eia eia, von einer Jungfrau zart ...", kommt's aus de Lautsprecher un rieselt zuckersüß von de Deck. Früher, als Kind, hab i immer „Ross" statt „Ros" verstanne. Mit der „Jungfrau zart" hab i nix a'fange könne. Aber des war mir egal. Für mich war nur wichtig, dass irgendwem en Gaul durchg'ange isch. Des Lied hat wenigschtens en Sinn g'habt.

Lieblingsmensch

Du bi'sch mit Abstand
mein Lieblingsmensch
wenn ich dich net hätt
däd mir e Herzklapp
en Lungeflügel fehle
ich müsst mich
als halbierter Mensch
durchs Lebe quäle
ach du
mein Lieblingsmensch
den ich uff de ganze Welt
von alle Leut
am allerärgschte mag
ich könnt ohne dich
net lebe
ich brauch dich so

nur halt
net jeden Dag

G'mütlich sitze

Am liebschte geh'n d'Leut gutbürgerlich esse, also reichlich, preiswert un gut. Wenn se reichlich sage, maine se viel, preiswert haißt vor allem billig, un gut haißt halt viel un billig. Un net am Fett g'spart un net übermäßig versalze. Wenn se so e Lokal weiterempfehle, baue se zwische de Händ en Berg Esse in d'Luft un rolle mit de Auge. Solche Portione gäb's dort. Sie seie nach de Hälfte scho satt g'wese. „Mir lasse alles liege un esse bloß noch s'Flaisch", hätte se sich in ihrer Not g'sagt. Also sie hätte beim beschte Wille nix meh runnerkriegt. Un g'mütlich sitze däd mer a.

E bessere Empfehlung für e gutbürgerliches Lokal gibt's net. D'Portione müsse so groß sei, dass mer u'gfähr ab de Hälfte nur noch mühsam weiter esst, weil mer des, was mer nimme esse kann, trotzdem bezahle muss. Un weil d'Bedienung sonscht denkt, s'hätt ai'm net g'schmeckt. Je mehr d'Leut z'rückgeh lasse müsse, um so reichlicher war's un um so empfehlenswerter isch so e Lokal. Reichlich haißt immer wesentlich mehr als bloß g'nug. Manche Wirte wolle b'sonders pfiffig sei. Wenn die merke, dass immer so viel z'rückgeht, mache se d'Portione klainer. Natürlich net uff aimol, sondern schrittweis un haimtückisch. Es gibt halt immer e bissl weniger, bis die Portione nur noch normal groß sin. Aber d'Leut merke, dass bei weitem nimme soviel uff'm Teller isch, wenn se nix meh esse könne. Un sie suche sich e anneres Lokal, wo mer widder gutbürgerlich esse kann un g'mütlich sitzt.

Was des genau haißt – g'mütlich sitze – kann ai'm niemand g'scheit erkläre. Es isch, oberflächlich g'sehe, so e Art laute Besinnlichkait im g'sellige Krais. Aber in Wirklichkait isch's doch e ziemlich komplizierte sitzende Tätigkait.

Richtig g'mütlich sitze kann mer nur in Deutschland un in Öscht'reich, weil des kaum Ausland isch. Un eventuell a noch in Südtirol, weil die Südtiroler so wenig italienisch sin un über e schöne Bergwelt verfüge. Gebirgslandschafte sin generell gut für's g'mütliche Sitze. De Blick hat sei natürliche Begrenzung un kann sich net am Horizont verliere. Weiter im Ausland sitzt mer vielleicht bequem, schön, a'genehm oder sogar an'eme herrliche Plätzle, wenn mer's gut verwischt, aber halt net g'mütlich.

E g'mütliches Sitze dauert immer lang. Mer kann net irgendwo kurz g'mütlich sitze wolle. Des wär en Widerspruch in sich. Dann muss reichlich Getränk vorhande sei, aber kai Mineralwasser, sondern Bier oder Wein, sozusage als Sprit für d'Seel. Ohne en Alkohol bleibt die Seel wie en Bleiklumpe ganz unne im Bauch liege un macht kain Mucks. Bei'me Gläsle Sprudel oder bei'me Tässle Kaffee kann mer sich bloß nett unnerhalte, mehr net. Vor allem d'Fraue verwechsle des oft mit g'mütlich sitze.

Un die äußere Umgebung isch wichtig. Sie muss gemütsmäßig überschaubar sei. Klaine, niedrige Wirtshausstube mit viel Holz, mit gut schließende Türe un Butzescheibe gege allzu starken Lichtei'fall sin günschtige Plätz. Grelles Licht un Zugluft sin Gift für jede G'mütlichkait. Je mehr d'Leut des G'fühl habe, in de Grupp von de Außewelt abg'schnitte zu sei, um so besser. Bei schönem Wetter sin gut besetzte Bierzelte ideal. Dort sitzt mer scho beinah g'mütlich, wenn mer noch rumlauft un en Platz sucht. Wenn dann noch e Bloskapell spielt, en Fanfarezug durch de Mittelgang ei'marschiert, wenn d'Sonn durch d'Bierkrüg scheint, un d'Bratwürscht rauche blau, dann kommt leicht die seltsame deutsche Stimmung über d'Leut, des unbeschreibliche Empfinde beim g'mütliche Sitze.

S'isch e beinah rauschhaftes G'fühl von Heimat un Dezug'höre zu dene Leut, e schier hirnlose Freud am Beschränkte un Überschaubare, am Lebe jetzt un da un wie's halt wore isch. Un gleichzeitig so e starkes Verlange, direkt e Sehnsucht nach ... ja nach was denn aigentlich? Dass mer des net waiß, isch grad des Schöne beim g'mütliche Sitze. Von daher kommt e wohlig empfundene Weh- un Schwermut, die sich oft im gemainsame Singe Luft macht. „So en Dag, so wunderschön wie heut, der dürft nie vergeh", singe se. Oder sie seie vor Madagaskar g'lege un hätte d'Pescht an Bord g'habt. Sie schmettere Lieder vom luschtige Zigeunerlebe, obwohl se mit de Zigeuner sonscht net viel a'fange könne. Von Vagabunde, Matrose, Bergkamerade un Handwerksbursche uff de Walz singe se, von flüchtige Liebschafte mit polnische un annere Mädle, von de Heimat un de Fremde, von Fernweh, Haimweh un Abschiednemme. Sie müsste fort, klage se, un däde erscht übers Jahr widder komme, aber des wär a net sicher.

„Jetzt kommen die lustigen Tage, Schätzel ade", kann mer de Blechnermaischter Weißeböhler im Bierzelt juble höre. Un er sieht wirklich aus, als hätt er sein Betrieb verkauft un sei Bündel scho gepackt. In seine Auge glänzt sogar e bissl Abschiedsschmerz un viel Aufbruchsfreud. Aber kai Sorg, er rührt sich net vom Fleck. Seit dreißig Jahr sitzt sei Schätzel nebe ihm. Von wege Schätzel ade. Von dene luschtige Däg hat er bisher net viel g'merkt un wahrscheinlich komme se a nimme. Im Frühling hat er viel Arbait im G'schäft, un des isch'm a recht so. Außerdem isch er zum Fortgeh scho viel zu lang do. Wo sollt er denn hiegeh, de Weißeböhler? Wo? Nirgends uff de Welt könnt er so g'mütlich sitze wie jetzt do. Un wenn er fortging, hätt er a des schöne Fernweh nimme. De Mensch braucht e Sehnsucht, die sich net erfülle derf.

Bei größere Volksfeschte, wenn d'Stimmung hochbrodelt un überschwappt, wenn sich d'Leut vor G'mütlichkait nimme zu helfe wisse, dann danze se im Sitze. Sie klammere sich mit de Ellboge fescht z'samme oder packe sich bei de Ohrläpple un rolle über d'Hinnerbacke uff de Bänk hin un her. Des Schunkle isch de Luschtgipfel beim g'mütliche Sitze. Stundelang kann des geh. Wenn mer als Fremder zufällig dezwische sitzt un des Schunkle geht plötzlich los, wird mer ruck-zuck mit verklammert un muss mitmache, a wenn mer bloß in Ruh e Glas Bier trinke will oder aus Kummer e bissl mehr. Wenn mer e Zeitlang mitg'schunkelt hat, geht's ai'm oft erstaunlich besser. Die Fröhlichkait wirkt a'steckend. Oder des dauernde Hin un Her mit'm Kopf macht ai'm so blöd do obe, dass mer sich wohl fühlt.

G'legentlich kommt's doch mol vor, dass d'Leut im Ausland, sogar im südliche, g'mütlich sitze. Des kann passiere, wenn se sich dort im Urlaub treffe un e starke landsmännische Solidarität entwickle. Un des hat sich schnell in so're feindliche Umgebung. Die Einhaimische spüre dann, dass sich atmosphärisch was z'sammebraut, mit dem se wahrscheinlich nix a'fange könne. S'könnt sich u'gfähr so abspiele:

Es wird schlagartig laut. Die Leut stelle Tisch z'samme. Immer stelle se Tisch z'samme. Freundlich, aber bestimmt schiebe se de Kellner beiseit, dann schaffe se Stühl bei, räume s'Lokal e bissl um. Alles geht schnell. Un dann wird zügig un diszipliniert b'stellt. „Also, wer will Bier? Hand hoch! Vino tinto? Hand hoch!" De Wirt hat was Zwiespältiges im G'sicht. Er guckt freundlich-nervös. Freundlich wege'm Umsatz, nervös wege dene Gäscht. E Glas fallt um. Ainer springt hoch un zupft sich d'Turnhos von de Schenkel. „Seniore, en Lappe prego!" Brüllendes Gelächter. Die Einhaimische habe sich vorsichtshalber in e Eck am Ausgang z'rückgezoge. Es lasst sich net mit Sicherhait sage, ob die Leut, die in dere fremde Sprach so rumschreie, bloß gut g'launt sin oder en Zorn habe. S'wird immer später un immer lauter. Un immer öfter fallt e Glas um. Mit rote Köpf geh'n se uff's Klo un komme wie frisch g'wasche z'rück.

Irgendwann macht de Wirt s'große Licht aus un gähnt laut. De Umsatz isch'm jetzt egal, er will nur noch in sei Bett. Aber für die Leut wird's doch erscht jetzt so richtig g'mütlich. Sie habe sich grad e bissl warmg'sesse. De Wirt lacht verquält un klopft uff sei Uhr. Er legt de Kopf schräg uff die g'faltete Hand, macht e seliges Schläferg'sicht un schnarcht dezu. Des müsse se doch versteh. Es blitzt. Sie habe'n fotografiert, den drollige Kerl. Als Erinnerung an den g'mütliche Obend im Urlaub. En großer Blonder, Badschlappe Größe 46, schlagt'm zur Ermunterung uff d'Schulter. „Nix dormire", lacht er. „Mucho trabajo. Du schlafen mañana, kapito? Noch uno, due, tre … cinque biera … Halt! Uno momento! Noch otto Kognak. Uno for you. Ich pagare. Ich Harald, du Name? – Pablo? Mucho amigo, Pablo." Des Riesemannsbild drückt des Wirtsmännle an sich. Gege so e Herzlichkait hat er kai Chance.

Die Leut sin im Ausland defür bekannt, dass se viele Fremdsprache spreche, oft sogar in ai'm Wort. Sie habe sich speziell für de Mittelmeerraum e Universalsprach zurechtgebaschtelt, e Urlaubsesperanto. Mit dere Sprach könne se sich dort net grad verständlich mache, des net, aber doch grob durchsetze.

Der mit de Turnhos stimmt e Lied a, die annere falle kräftig mit ei. Sie breche in en trutzige, monotone G'sang aus. Es klingt so fremdartig un bedrohlich in dere ausländische Gegend, dass d'Katze geduckt in d'Hausgäng husche. „Wir machen durch bis morgen früh und singen bummsfallera, bummsfallera, bummsfallera …" Debei haue se mit de Fäuscht uff de Tisch. Des wär net nötig, die Einhaimische zucke eh scho bei jedem bummsfallera z'samme un trinke zügig ihre Gläser leer. Sie verstehe halt von dem Lied immer nur des „bummsfallera", weil des so oft vorkommt, nix bedeutet, aber in jeder Sprach nach Körperverletzung klingt. Bei „steh'n wir im Alkohol bis an die Knie" sin se fort. Sie habe ihren Wirt im Stich g'lasse. Der steht resigniert hinner sein're Espresso-Maschin. Er kann noch net wisse, dass die Leut morge widder komme. Un übermorge. Überhaupt jeden Obend, solang se Urlaub habe. Wenn die im Ausland schon mol e g'mütlich's Kneiple entdeckt habe, mache se sich zu Stammgäscht.

Die Südländer verstehe nix von G'mütlichkait. Die habe halt e ganz annere Art, ihr Lebensfreud auszudrücke. Die könne net so aus sich raus. Do habe se Schwierigkaite mit ihrer Mentalität.

Nach zwai, drei Woche kriege d'Leut regelmäßig Haimweh nach dem Land, wo mer an jedem Eck gutbürgerlich esse kann un überall so g'mütlich sitzt.

Heimat isch dort, wo mer net ufffallt.

S' große Bau-Gedicht

s'Häusle steht –
jetzt kai Ruh gebe
in d'Händ spucke
net in d'Luft gucke
weiterbaue

obe ausbaue
falls d'Kinner später
net selber baue
noch e Garasch baue
d'Garasch überbaue
links a'baue
rechts dra'baue
überdache
verschale
betoniere
abbinde lasse

Ei'bauschränk ei'baue
zum d'Sache verstaue
Stauraum hat mer nie g'nug
nix fortschmeiße
mer könnt's noch brauche
zum Baue
Sauna ei'baue
zum z'samme schwitze
de Keller ausbaue
zum g'mütlich sitze
dass mer bei'me Fescht
de Dreck von de Gäscht
net in de Wohnung hat

des isch was wert

hinne ausbaue
d'Fläche nutze
de Bauplatz verbaue
e Mauer als Sichtschutz
em Nachbar vor d'Nas baue
s'Rübergucke versaue
mit Rauputz verputze
großzügig zubaue
zementiere
ziehe lasse

ins Sommergärtle
e Wintergärtle baue
e Stück Garte verglase
d'Natur integriere
Fußbodehaizung
unner de Rase
gut isoliere

jetzt kann mer drauße im Zimmer
im Freie drin sitze
im Homedress fernseh
durchs Glasdach d'Stern seh
nackich d'Kälte agucke
nix meh spüre
nur noch
eine Wahnsinns-Wohnqualität

Bernd, bitte!

Herrgott, des isch doch nix Neues!
ich hab schon immer g'schlürft
so e bissl g'schmatzt beim Esse
mei Messer abg'schleckt
wenn mir d'Soß schmeckt
sogar im Lokal

früher war's dir egal
es hat dich nie g'stört
du hasch's sogar gern g'hört

Schmatzischatzi

hör ich dich noch sage
laut vor alle Leut
ha'sch des vergesse?
ich hab en rote Kopf kriegt
mir isch's peinlich g'wese
so Wörtle ware nie mei Sach

heut funkel'sch über de Tisch
ich seh am Messergriff
deine weiße Fingerknöchel
die verkrumpfelte Serviett
fliegt über dein Teller in d'Mitte

Bernd, bitte!

hab ich früher vielleicht
schöner g'schlürft un g'schmatzt
oder was?

Mensch, ich hab doch seit jeher
schon in unserer erschte Nacht
so e bissl g'schnarcht
geräuschvoll g'schlofe

früher ha'sch mich g'weckt
mit Kraule am Ohr
mit'me Küssle uff d'Nas

Schnarchebärle

hat dei G'sicht über mir g'lacht
deine Haar habe mich gekitzelt
oh, ich bin gern uffg'wacht
ich hab dir unbedingt
mein Traum verzähle müsse
mitte in de Nacht, Mund an Mund
für unser Köpf war Platz genug
uff so'me winzige Kisse
ich hab mit dei'm Schlüpfer
des Nachttischlämple verhängt
unser Zimmer war 40 Watt rot
ich bin wie'n nackter Kellner
in d'Küch zum Kühlschrank g'rennt
hab Olive g'holt, Sekt ausg'schenkt
mir habe d'Freud getailt
wie e Stückle Brot
heut will'sch mein Traum nimme wisse
wenn ich schnarch
dreh'sch mir s'Ohr rum
klemm'sch mir d'Nas zu
bis ich beinah verstick

im Dunkle zischt was

Bernd, bitte!

ich hör deine Ferse klopfe
du schlepp'sch dei Bettzeug
ins Wohnzimmer raus

ganz ehrlich
wie lang halt'sch mich noch aus?

Essegeh oder Bis mir sitze

Ha'sch du a schon Hunger?

Ich weiß net. Es isch noch e bissl früh, oder?

Stell dir vor: Jetzt sauere Nierle mit goldbraune Bratkartöffele. Oder abg'schmelzte Maultasche. Die müsse so richtig in Butter glänze un im Teller rumrutsche. Versteh'sch? Wenn die Bedienung plötzlich abbremst un sich rumdreht, weil se von hinne g'rufe wird, dann müsse die gradaus vom Teller flutsche. Wie in Knittlinge in de …

Also du ha'sch eine Phantasie, wenn's ums Esse geht.

Oder du: So'n knuschprige Schweinebrate, schön durchwachse.

Hör uff!

Mit Weckknödel. Die kann mer so durch d'Gabelzinke quetsche, im Teller rumschmiere un mit de Soß vermatsche. Des schmeckt! Denkt dir noch des Wirtschäftle im Bayerische Wald, wo mer im Urlaub …?

Sei doch still!

Rehrücke ha'sch du g'habt. Mit Pfifferling. Ein Gedicht!

Herrgott, jetzt krieg ich Hunger von dei'm G'schwätz!

Also auf, mir kehre irgendwo ei! Mir sin immerhin e gute Stund stramm g'wandert. Un du sag'sch doch immer, du will'sch nimme so spät esse.

Ja. Aber net schon um fünfe.

Du, bis mir sitze, wird's grad recht.

Wieso? Wie lang will'sch dich denn setze? Bis um halb siebe?

Was? – Du wai'sch genau, wie ich des main. Bis mir dort sin un en Platz habe …

Dann sitze mer. Aber s'isch immer noch viel zu früh. Du ha'sch g'sagt, bis mer sitze wird's grad recht.

Herrgott, sei net so spitzfindig, direkt händelsüchtig! Aber des isch bei dir immer so, wenn du Hunger ha'sch.

Ja, ich waiß. Ich bin halt ein einfach gestrickter Mensch. Ich reagier berechenbar wie e Hauskatz.

Des hab ich damit net sage wolle!

Was denn dann?

Dass mer beim Essegeh immer länger sitzt, als mer esst. Die Speisekart durchgucke, was raussuche, Weinle vorher trinke, Zigarettle rauche und schwätze. Halt uff's Esse warte.

Un des kommt net.

Warum? Wieso soll des net komme?

Des Bestelle ha'sch ebe vergesse.

Du will'sch mich ärgere, gell? Du, mir könne auch zum McDonald gehe. Dort holt mer sei Zeug selber in de Pappedecklschachtel.

Dort esst mer länger, als mer sitzt. Beim Rausgeh kaut mer noch.
– Egal, was mache mer jetzt? Geh'n mer esse oder net?

Ja. Von mir aus.

Was jetzt? Des war eine Alternativfrage. Die lasst sich doch net mit
Ja oder Nein beantworte. Also, annerscht g'frogt: Gehe mer esse?

Ja.

Gut. – Wohin?

Aber was mach ich dann mit dem Spargel im Kühlschrank? Drei
Pfund. Klasse eins. Noch e bissl teuer, aber …

Nach Spargel wär's mir heut net. Spargel isch kai Hungeresse. Wenn
jemand hungrig Spargel esst, schmeckt er nur, dass er net satt wird.
Ich brauch heut was Deftiges. Den Spargel könne mer morge esse.
Der hebt – der hält so lang. Hasch'n feucht ei'gwickelt?

Ja klar. In d'Samstagszeitung. In die BNN.

Was? Die hab ich noch net g'lese! Warum nemm'sch denn kain
G'schirrlappe?

Weil des BNN-Papier besser isch, um Spargel frisch zu halte. Jetzt
reg dich ab. Ich hab nur die Seite mit de Todesanzaige g'nomme.

Prima! Die les ich immer zuerscht. – Na ja, egal. Es wird net grad
des Wocheend jemand g'storbe sei, den mer kennt. Wo mer zur
Beerdigung geh sollt.

Du steh'sch jedenfalls noch net drin! – Solle mer zum Italiener
gehe? Beim Da Bruno könnt mer vielleicht noch drauße sitze.

Hör zu, wenn du Da Bruno sag'sch, brauch'sch nimme „beim" sage. Weil „da" italienisch schon „beim" haißt. Des isch zuviel. „Beim Da Bruno" wär „beim beim Bruno". Versteh'sch? Des hat mir der Bruno neulich im Da Bruno selber erklärt.

So? Aha. „Im Da Bruno". Des geht? Klingt a e bissl komisch, oder? „Im beim Bruno"!

Du, mir mache jetzt kain Italienischkurs. Ich muss heut jedenfalls nimme drauße sitze beim Bruno. Ich war im Freie g'nug. Mir sin beinah e volle Stund lang stramm g'wandert. Mir langt's.

Wie wär's mit griechisch esse? Im Mykonos ware mer schon lang nimme.

Und warum net? Weil die uns beim letschte Mol keinen Ouzo spendiert habe. Den krieg'sch normal immer. Zur Begrüßung. Des g'hört doch zur griechische Gastfreundschaft.

Gott, die habe des halt mol vergesse. Des Lokal war voll. Später hat der Christos doch e Tablett mit Ouzo für alle uff de Tisch g'stellt.

Ja. Nachdem ich was g'sagt hab. Die habe des net vergesse. Die habe's nimme nötig. So isch des!

Wenn mer zum Chines ginge, könnte mer widder 97 und 114 bestelle. Also des hat uns damals so gut g'schmeckt. Ich hab mir die Nummere in de Speisekart notiert. Den Zettel hab ich im Geldbeutel.

Was war denn des? Huhn, Fisch, Schweineflaisch oder was?

Ich waiß es nimme. Aber es hat hervorragend g'schmeckt. Besonders dein 114. Ab de Hälfte habe mer getauscht. 97 war e bissl scharf.

Aber bei 114 lauft mir immer noch s'Wasser im Mund z'amme. Auf, des mache mer! Mir gehe ins – zum Chines!

Ach, ich waiß net. Des Dauergelächel, die Rumschleicherei, des asiatische Katzbuckle. Diese undurchsichtige Freundlichkait, ohne jedes Mienenspiel. Do wai'sch nie, wo'd dra bisch.

Sag mol, will'sch du dort Geschäfte mache oder was esse?

Die gedämpfte Atmosphäre. Roter Plüsch, Lampions wie in're Opiumhöhle. Springbrunnegeplätscher. So fettleibige Männerfigure, die sich mit ihre geblähte Kugelbäuch a noch wohlfühle, d'Ärm hochstrecke un blödsinnig lache. Als wäre se stolz uff ihr Überg'wicht. Un dass se nix schaffe. So nach dem Motto: Der Leib liegt auf dem Kanapee, die Seele schwingt sich in die Höh. – Des isch net mei Kultur!

Also bei uns gibt's a genug dicke Leut, die nix schaffe.

Aber die hänge's net raus. Dene isch's peinlich. Die wolle abnemme un däde gern schaffe. Egal. Jedenfalls g'hört fett und faul in unserer G'sellschaft net zum ideale Menschebild.

Du, Restaurants sind Orte des Genießens. Solle die dort vielleicht Figure von ausg'mergelte Reisbauere uffstelle?

Die Dekoration isch a so e Sach. Die Landschafte aus goldfarbigem, ausg'stanztem Plaschtikzeug an de Wänd. Wo mer dra'klopft, klingt's hohl.

Du brauch'sch doch nirgends dra'klopfe. Aber des isch typisch deutsch. Im Museum, bei Schlossbesichtigunge – überall wird dra'geklopft. Die Deutsche müsse immer de Materialprüfer spiele.

Ich will heut jedenfalls net zwische so chinesische Staubfänger hocke!

Also multikulturell klingt des net grad. Eher e bissl rassistisch.

Was? Nur weil ich heut keine Schlitzau… kaine Chinese um mich rum habe will? – Außerdem – bei de Chinese isch's net g'mütlich. Des geht mir alles zu schnell.

Was? Was geht zu schnell?

Kaum sitzt mer, schon stehe se do. Kaum hat mer de Mund zu vom Bestelle, komme se schon mit de Wärmplatt g'sprunge. Drei Züg an de Zigarett, zack, steht s'Esse uff'm Tisch.

Grad deshalb gehe viele Leut zum Chines. Weil's flott geht.

Ich net. Ich möcht uff mei Esse warte dürfe. Bis ich nimme warte will.

Komm, ich mach dehaim unsern Spargel. Dann kann'sch in Ruh warte. Bis ich den sauber g'schält hab …

Nix! Jetzt bin ich uff Essegeh ei'gstellt. Ich will mich heut mol bediene lasse. – Was guck'sch so komisch?

Wege dei'm Spruch grad. Du wollt'sch sage, du will'sch dich heut mol net dehaim, sondern im Lokal bediene lasse. Servicewechsel. Aber wo? Nach was isch's dir denn?

Nach gutbürgerlich. Ganz ai'fach. Nach kräftiger deutscher Hausmannskoscht. Wuchtig, kalorienreich, herzhaft, sättigend, schwer verdaulich von mir aus. Ich hab en stabile Mage. Ein Topi hinnerher. Oder zwai. Jawoll, des wär's!

Un dei Cholesterin-Tablettle.

Genau! Wozu hab ich die Dinger? – Dann will ich zu'me Preis esse wie vorm Euro. Ungefähr. Vor allem keine 0,2er Gläsle französischen Landwein zum Preis von'me Viertel Königschaffhausener Spätburgunder vorher.

Schwierig. Mir fallt spontan nur die Hohlweg-Klause ei. Ich war neulich mit de Volleyball-Fraue dort. Nur was trinke. Aber am Nebetisch habe Leut g'esse. Des hat net schlecht ausg'seh. Allerdings habe se ziemlich lang warte – dürfe.

Geh mir fort mit der Hohlweg-Klause! Vom Gucke sieht mer noch lang net wie's schmeckt. Die Gerlachs sin dort schwer nei'gfalle. Er hat sei Schnitzel net esse könne. Verbrennt un versalze, hat er g'sagt. Sie hat e langes schwarzes Haar von der vietnamesische Küchehilfe aus'm Wurschtsalat gezoge.

So? Eine Vietnamesin isch des? Ein bildhübsches Mädle!

Kann sei. Aber trotzdem habe ihr Haar im Wurschtsalat nix verlore.

Lieber Gott, die Gerlachs habe halt en schlechte Tag erwischt. Sowas passiert. Die Wirtsleut sin sehr nett. Ein junges Paar aus der ehemalige DDR. Die bemühe sich. Die habe des Lokal noch net lang.

Wahrscheinlich habe se's die längschte Zeit g'habt. Wenn se Wurschtsalat mit Haargarnitur serviere. – Was lach'sch so in dich nei?

Irgendwie gönn ich des dene Gerlachs. Der Günther, dieser Erbsezähler. Dieser Furzklemmer. Typisch Lehrer. „Gut leben und sparen" haißt so'n Supermarkt-Werbespruch. Des passt genau uff den. Un die Isolde isch noch schlimmer. Des dauernde Gejammer auf hohem Niveau. „Geiz ist geil" hab ich kürzlich in're Fernsehwerbung g'hört. Mir isch sofort die Isolde ei'gfalle. Haha, wenn ich mir vorstell, wie die zwai in der ...

Vergess die Hohlweg-Klause!

Aber die Wirtsleut sin freundlich. Dene muss mer doch e Chance gebe.

Bei dem Esse müsse die schon arg freundlich sei. Hör zu, mir könne mol dort ei'kehre. Warum net? Dann esse mer halt vorher. Aber heut möcht ich kain schlechte Tag erwische! – Also, was mache mer? Wohin? Bevor mer im Auto sitze, sollte mer's wisse.

Mensch, wie wär's denn mit der neue Sonne? Guck mol drübe. Zur Sonne. Wirklich, wunderschön renoviert. Die gelbgetönte Fassad mit dene grüne Fenschterläde. Rote Geranie. Des Haus kennt mer garnimme. Richtig vornehm sieht des aus. Der Eingangsbereich mit der Markise. Die gusseiserne Laterne un der Schaukaschte für d'Speisekarte. Direkt nobel.

Mir hat's früher besser g'falle. Mit'm abgeblätterte Grauputz. Ohne Geranie. Mit schiefe Fenschterläde un verhungerte Mucke im roschtige Speisezettelkaschte mit sechs Sorte Schnitzel un serbischer Bohnesupp aus de Büchs. Vielleicht noch Königin Paschtete für die alte Weiber nach Beerdigunge. Oder Russische Eier. Des war's. Aber in de Sonne hat mer sowieso nur im Notfall g'esse. Deshalb war mer net dort.

Weshalb dann?

Lieber Gott, zum trinke natürlich! Int'ressante Leut treffe!

Int'ressante Leut? In so're Dorfkneip? Wen denn?

De KSC-Jockl, de Schlappe, de Jetztkommschdu, de Horex – ich könnt so weiter mache. Die kenn'sch du nimme. Die gibt's a nimme. Ich red von ganz früher. Mensch, war in der Sonne was los! Als der Kurt noch druff war. Damals hat des Haus Charakter g'habt.

Die Annonce hab ich im Blättle g'lese. „Unter neuer Leitung … lassen Sie sich kulinarisch verwöhnen … exquisite Küche … gepflegte Weine … genießen Sie das stilvolle Ambiente in unseren liebevoll neugestalteten Räumen". So ähnlich. „Es freuen sich auf Ihren Besuch, Lotte Kehrbeck und …" Herrgott, ganz komischer Name. Ich hab noch gedacht, wie kann mer als Mann so haiße?

Jean Marie Schneck! Ich hab's auch g'lese.

Ja, genau! Wie isch's denn zu der Neueröffnung komme?

Also. Die Lotte isch e Tochter vom Kurt. Die älteschte von dene drei Kehrbeck-Mädle. Hat schon als Kind beim Bediene g'holfe. Die hat später Hotelfachschul g'macht. War sogar in'me Hotel in de Schweiz. Die hat Pfeffer im Arsch.

Sie hat Temperament, wollt'sch sage.

Genau. Die annere zwai sin Tranfunzle. So e bissl lahmarschig. Sowas kann'sch in de Gaschtronomie net brauche.

Ohne Pfeffer im Arsch.

Wenn du's so ausdrücke will'sch, bitte! – Kurzum, dem Kurt sei Frau, die Lydia, hat vor zwai Jahr Tablette g'nomme. Sage d'Leut.

Lebt die Frau noch?

Wenn ich sag, sie hat Tablette g'nomme, lebt se nimme! Dann hat de Kurt des Schlägle kriegt. Halbseitig gelähmt. Un mit de annere Hälfte hat er bloß noch sei Schoppeglas rumgetrage. Seither lallt er nur noch. Mer versteht kein Wort. Es isch e Elend. Früher hat er s'Maul net uffkriegt. Un seit er nimme schwätze kann, will er dauernd was sage.

Es gibt schon Schicksale.

Schicksale? Ich weiß net. Des war alles vorhersehbar. Nur de Zeitpunkt net. Es isch relativ spät passiert. – Na ja, e Zeitlang war die Sonne zu. Ich glaub über e Jahr. Un jetzt hat die Lotte den Lade übernomme.

Un wer isch der – Herrgott, der ganze Name hat irgendwie was Schlüpfriges. Der Jean Marie Schneck?

En Wagges. Ein Koch aus Colmar. Scheint's ihr Stecher.

Ihr was? – Also bitte! So ein brutaler Ausdruck! So kann'sch von mir aus mit deine Kumpels rede, aber net wenn ich debei bin.

Mein Gott, so sagt mer halt in dem Fall. Verheiratet sin se net. Sie habe nur was z'amme. Des isch doch nix Schlimmes. Des kommt eher de Gäscht zugut: Er kocht besser, un sie bedient freundlicher. – Also, solang's funktioniert.

Lebensgefährte. So könnte man auch sage.

Wunderbar! Des klingt nach mühseliger Kocherei un obends z'amme Geldzähle.

Würd'sch du uns nicht als Lebensgefährten bezaichne?

Doch. Aber mir habe zum Glück kai Wirtschaft. Mir müsse net in jeder Situation für fuffzich Persone Esse rausbringe.

Du, hör zu! Heut gönne mir uns was. Mir probiere die neue Sonne mol aus! – Oder? Was main'sch? Lieber net? Es sieht halt schon e bissl großkopfet aus. Guck mol, der Parkplatz. Mercedes aus Böblinge.

Ja. Mit Anhängerkupplung. En Metzger mit Jahreswage.

Der Fuhrpark juckt mich net.

Also gut. Auf, dann gehe mer nei! – Aber mit unsere Wanderklamotte? Unsere dreckiche Schuh? Vielleicht doch e anner's Mol?

Ach was! Für Geld kann ich mir Staubzucker in de … krieg ich alles!

Will'sch jetzt doch nei?

Waiß net. Ai'fach mol gucke.

Wie sieht's denn drin jetzt aus? Was mach'sch denn? Pass uff, die Geranie!

Herrgott, ich seh nix! Es spiegelt. Wart, ich muss mit de Händ abschirme.

Um Gottes Wille, net so auffällig! Komm runner! Soll ich dir s'Vagabundelaiterle mache, oder was?

Jetzt! Viel sieht mer net. Ach Gott, Kerzelicht am helle Tag. D'Lotte im enge schwarze Koschtüm. Die hat aber ordentlich zug'nomme! Ein Weinregal. Dort war immer de Tischfußball.

– „Ah, Tag, Herr Dr. Stol…"

Pass doch uff, Mensch! – Au, mei Füß! Herrgott, tut des weh!

Entschuldigung. Ich hab hinne kai Auge.

Sag mol, ha'sch du dort drin grad jemand gegrüßt?

Ja. Den Dr. Stolzinger mit Gattin. Hocke direkt am Fenschter. Früher war dort kain Tisch. Ich hab se erscht g'seh, als se mir zug'nickt habe. Bin richtig verschrocke. Uff so nah war ich net g'fasst.

Bi'sch sicher, dass se des ware?

Hunnertprozent. Er hat mir doch neulich erscht die Spritze gege mein Hexeschuss g'ebe. Am Mittwoch.

Jetzt hat er wenigschtens g'seh, dass die Spritze g'holfe habe. Wenn du widder an de Wirtshauswänd rumturne kann'sch. – Sowas Peinliches. Also jetzt müsse mer nei'geh.

Wieso? Wer sagt denn des?

Wie sieht denn des aus? Stell dir vor, du sitz'sch im Lokal un sieh'sch beim Rausgucke jemand nei'gucke. Zwische de Händ durch. Mit de plattgedrückte Nas an de Scheib.

Des wär mir egal. Wenn er nur ganz kurz guckt. Ich war doch sofort widder weg.

Des isch noch schlimmer. Des hat was Unheimliches. Mit sowas kann niemand was a'fange. Außerdem sieht des aus, als sei mer neidisch. Als ob mer gern ei'kehre wollt un könnt sich's finanziell net erlaube. Komm, mir gehe nei!

Halt! Net so schnell! Erscht gucke, was es gibt. Sei so gut un les mol vor. Ich hab mei Brill net debei. Deshalb hab ich vielleicht die Stolzingers net g'seh.

Also. „Gruß aus der Küche: Mousse von Räucherfischen".

Gruß aus der Küche. De Kurt hat als a aus de Küch raus gegrüßt. Manchmol hat er sich am Türpfoschte hebe müsse. Les weiter.

„Basilikumschaumsüppchen mit Zandernocken". „Zart gebratenes Kaninchenrückenfilet mit Spitzkohlravioli". „Consommé von Steinpilzen". „Filet vom Charollaisrind, im Wirsingmantel pochiert" …

Hör uff! Hör uff! Es langt!

Wart, des isch noch net fertig. „Mit frischen Egerlingen, Burgunderglace und Selleriekrapfen".

Sowas Überzwerches! Was habe die aus der Sonne g'macht? Kai Wunder, dass der Kurt dauernd mit seiner g'sunde Seit rumfuchtelt un was sage will.

Komisch, de Preis steht nirgends debei.

Doch. Obedrüber! Des g'hört zur Menükart. Zum Beispiel Menü drei. Hier. 52 Euro. Des seh ich ohne Brill. – Do ha'sch noch nix getrunke.

Menü eins. 30 Euro. Des isch doch im Rahme. Zu'me besondere Anlass kann mer sich des doch gönne. Wenn's gut isch.

Aber heut habe mer normal Hunger. Des isch kein besonderer Anlass. Übrigens, mir sin zu zwait. 60 Euro. 120 Mark. Ohne de Wein.

Des haut schon nei. – Les mol int'ressehalber rechts vor. Des isch à la carte.

„Terrine à la Maison". 9 Euro 50.

Mein lieber Schwan! Des isch en Haufe Geld für e Schüssel Supp. Was isch des? Kann'sch du des lese?

„Suprême von Fasanenbrüstchen an Schalottenconfit mit Butternüdelchen".

Brüst-chen. Nüdel-chen. An irgendwas. Die Portiön-chen seh ich vor mir.

„Dialog von Lachs und Zander an Riesling-Sauerampferrahm".

Des war beim Kurt Dialog von Schnitzel und Pommes an Soß Maggière. Bei dem hat's sogar Monolog von Wurschtsalat g'ebe.

Was isch'n des? Guck mol.

Ich seh's doch net recht ohne Brill. Les vor.

Jesses. – „Feuil-le-tage von Lotte mit Basmatireis und Broccoli".

Feuil-letage? Nie g'hört. Aber d'Lotte sollt d'Finger vom Herd lasse. Die isch e tüchtige Bedienung. Nur koche kann se net.

Wer steigt denn aus dem schwarze Benz dort? Isch des net ...?

De Landrat Bolzhauser. Un der Reichelt von Low Flex. Prominenz aus Politik und Wirtschaft. Mit ihren Damen. Von der Sort en Harem – ein Albtraum!

Guck mol. Isch des die Lotte?

Aha. Die Herrschaften werden persönlich begrüßt. Wie die Lotte um die rumscharwenzelt. Sogar der Monsieur Schneck kommt aus'm Häusle. Die Schnecke-Marie.

Net so laut!

Komm, mir geh'n! Des isch net mei Welt.

Was isch denn heut dei Welt? Solle mer uns in d'Bahnhofswirtschaft setze?

Warum net? Immer noch besser als dort nei.

Jetzt renn doch net so! Was schüttel'sch denn de Kopf?

Die Sonne war so eine gute deutsche Wirtschaft! Noch mit'me Stammtisch am Kachelofe. Des war wie e zwaites Wohnzimmer. Du ha'sch uff de Tisch geklopft un …

Aber s'Esse war nix, ha'sch vorhin g'sagt.

So kann mer des net sage. Des war unnerschiedlich. Die Qualität hat geschwankt, je nach Stimmung von de Wirtsleut. Es war halt ein schwieriger Familienbetrieb.

Kann ich mir denke. Nach dem, was du verzählt ha'sch.

Manchmol hat's g'schmeckt. Sogar sehr gut. Dann hätt mer's grad widder in de Dreckaimer schmeiße könne. Un zwischedrin war's zeitweis ai'fach essbar.

Als zahlender Gascht will ich aber die jeweilige Verfassung vom Koch im Esse net schmecke.

Die Sonne war vor allem eine Trinkwirtschaft, kein Speiselokal. Un dafür war die Küch net so schlecht. Egal. Ich ess lieber e bissl schlechter un in guter G'sellschaft, als umgekehrt.

Wie main'sch des?

So eine Bagage wie die Reichelts wäre dort nie dring'hockt. Des sin solche Leut, die esse nur in Lokale, wo se d'Speisekart net lese könne.

Also gut, was mache mer? Dort steht s'Auto. Solle mer mol was Neues probiere?

Von mir aus. Aber wo?

Herrgott, mer waiß so viele Lokale. Aber wenn's soweit isch, fallt ai'm kain's ei!

Hopp, steig ei! Ich hab e Idee!

Jetzt bin ich aber g'spannt. Was ha'sch dir überlegt?

Lass dich überrasche!

Also weit fahre möcht ich nimme! Kurz vor sechs. Bis mir irgendwo sitze, wird's grad recht. – Hätt mer dort net reserviere müsse?

Des mache die net. Aber für zwai Persone krieg'sch immer noch Platz.

Wo isch des? Sag doch!

Net weit. Dort sitzt mer g'mütlich, esst sehr gut und preiswert. Des Viertel Gutedel schenke die für einen Euro aus.

Was? Des gibt's doch net!

Doch! Und es geht ganz zwanglos zu. Mer kann sogar d'Hos uffmache, d'Schuh ausziehe un Sportschau gucke.

Ach Mensch, Ewald! Jetzt hab ich mich endlich uff's Essegeh g'freut. Jetzt komm'sch du so! – Du wollt'sch doch heut kain Spargel!

Als Beilag zu Pfannkuche, Schinke un Schnitzel – warum net? – Eventuell noch e grünes Salätle dezu. – Schwätz doch was! Warum sag'sch nix?

Weil ich sauer bin!

Typisch! Immer wenn du Hunger ha'sch, kriege mer Krach!

Großraumwage

Ach Gott
wer isch denn g'storbe?
möcht mer sage
bei dene Montagsg'sichter
im 7 Uhr 15 Großraumwage

die hocke drin wie e Sträflingskolonn
unnerwegs zum Felsbrocketrage
jeder guckt müd an jedem vorbei
als sei er zur Höchststraf verurteilt
lebenslänglich uff de Welt zu sei
z'ammegepfercht in dem gelbe Zug
mit Leut, die er nur vom Weggucke kennt
montagmorgens wär der Großraumwage
für eine Person grad groß genug

sie hocke sich paarweis eng vis-à-vis
Schenkel an Schenkel, Knie gege Knie
käsig verknittert im graue Morgelicht
die Gegend um de Hauptbahnhof
sieht net besonders aus
aber die schrecklichschte Landschaft
isch halt doch e leeres G'sicht
dann guckt mer lieber raus

Herr Sohn

I.

Verzeihung
wenn ich stör
ich hab geklopft
aber bitte
ich geh nochmol raus
und klopf lauter
so jetzt bin i drin.

du lieg'sch noch
mit'm Laptop im Bett?
hör zu
deine Mutter hat g'rufe
zehnmol langt net
dass des Esse fertig wär

wenigschtens am Sonntag
lieber Herr Sohn
sitzen wir gemeinsam am Tisch
zwecks familiärer Kommunikation
ob dabei was g'schwätzt wird
oder net

null Hunger?
kein Bock?
des isch mir egal
dann hock halt dezu
betracht's von mir aus
als ein Pflichtritual

also hör zu
nur zur Erinnerung
solang du bei uns wohn'sch
im Luxus-Einzelzimmer
mit ISDN-Anschluss
Gartenbenutzung
ohne drin zu schaffe
und Vollpension
gibt's wie in jedem Hotel
eine Hausordnung
an die man sich zu halten hat
vor allen Dingen
wenn man gratis logiert

es isch net so
dass man dir des
aufs Butterbrot schmiert
nur bitte – net vergesse!

wenn du irgendwann
ausgecheckt ha'sch
kann'sch mache
was d' will'sch

also schlupf in dei Hemd
schmeiß dir Wasser ins G'sicht
es geht runner zum Esse
ich wart – was isch?

bittschön, Euer Durchlaucht
halten zu Gnaden
es ist angerichtet
bereits aufgetragen
Spätzle mit Rindsrouladen

an Burgundersoß
auf Wunsch mit Ketchup
am Rand vom Teller
warum net?
alles G'schmackssach
nur ging's vielleicht
e bissl schneller?
des Zeug wird doch kalt!

ah, ich seh
Monsieur weilt im Internet
im Chat, gell
nebenbei bemerkt
wer zahlt des Online-G'schwätz?

also wenn der junge Herr
jetzt endlich die Güte hätt
vom Chat-Room
in die Esseck
vom Living-Room zu wechseln
raus aus'm Bett
aus mit virtuell
aber schnell!

überhaupt
wie kann mer denn im Dunkle hocke
an so'me schöne Frühlingstag?
ich öffne mit Verlaub
schon mal die Jalousie

ja herrgottsakrament
so ein Saustall!
mich trifft de Schlag!
des sieht aus wie's riecht

sammel'sch du Pizzaschachtle
vom Fliegende Italiener?
schmeckt's dehaim net?

Joghurtbecher
pfui Teufel – Schimmel drin
so eine Schweinerei
Batterie von leere Flasche
es wird immer schöner
Wodka dabei – nasdrowje!
verzettelte Dreckwäsch
Kartoffelchips-Gückle
um braune Apfelbutze
Schwärm von Mückle

nirgends ein Lehrbuch
ich seh überhaupt net
dass mer für d'Schul was macht
geh'sch du noch in d'Schul?
was mach'sch denn so privat?
wenn's in deinem Kopf
so aussieht
wie in dem Zimmer
dann gut Nacht

hier – die Kaffeetass
mit Zigarettekippe g'füllt
deine Mutter hat net übertriebe
geh besser net in sei Zimmer
hat se noch g'sagt
die Bude vermüllt

aber nimme lang!
deine Klamotte – fang!

du bi'sch verhaftet
komm'sch sofort mit!
wir reden beim Essen
en gute Appetit!

II.

Pack des Handy weg!
zieh den Ohrestöpsel raus!
schalt den Computer ab!
mach den Fernseher aus!

guck net so vernetzt
wenn dein Vadder
mit dir schwätzt!
hier spielt die Musik!

nemm die Füß vom Tisch
mir sin net in Amerika
in der Chef-Etage
von einer Ölfirma
schaff dich aus dem Sessel
setz dich uff den Stuhl
Mister Nobody!

was soll ich –
locker bleibe?
cool?
wunderbar!

hier ein Brief
per Einschreibe

Gruß von deiner Schul
herzlichen Glückwunsch
zum baldige Hockebleibe!

jetzt komm'sch du
ich warte
auf deinen Kommentar

also bitte
ich höre
sag was dezu!

ich bin ganz Ohr
also was isch?
ich hör immer noch nix
über allen Wipfeln ist Ruh

wie bitte – dumm g'laufe?
für die blöde Antwort
kann ich mir nix kaufe
hätt'sch dir spare könne

Herrgott, Kerl
guck net im Zimmer rum
mit so'me Mausklick-Blick!

ich stöpsel dich ab
ich nemm dich vom Netz
reiß alle Stecker raus
schüttel dich am G'nick!
Reality Show
Live Programm!
Thema: Deine Zukunft
spiel net mit dem Joy-Stick

de Spaß isch vorbei!
drück den Fernseher aus
konzentrier dich e bissl!

sonscht kipp ich die Hardware
zum Elektronikmüll
schmeiß dir des Che-Guevara-T-Shirt
über d'Satelliteschüssel!

der Che Guevara
des war'n Kerl!
der hat de Arsch hoch'kriegt
der hat s'Lerne ernscht g'nomme
hat's net leicht g'habt
der isch net wie du
mit de Fettauge
uff de Nudelsupp daherg'schwomme!
der hat sei Sach durchgezoge
war Arzt von Beruf
und so ganz nebeher
Politiker und Revolutionär!

der däd sich
im Grab rumdrehe
könnt er dich jetzt
so phlegmatisch
in sei'm T-Shirt sehe
dumm g'laufe
wenn ich sowas hör!

III.

Ach, siehe da
der Herr Sohn
kommt auch schon nach Haus!
sonntags zur Frühstückszeit
von der Reggae-Night
am Baggersee

d'Vögel zwitschere
d'Nachbarsleut komme vom Nordic Walking
die alte Scheubles gehe grad in d'Kirch

um Gottswille
wie sieh'sch denn du aus?
wie s'Kätzle am Bauch
die Knie verstürzt
am Hoselade
hängt de Hemdzipfel raus
hat dich jemand g'seh?

du komm'sch mir grad …
du komm'sch grad recht
hock an de Frühstückstisch
hab an de Tankstell
frische Weckle g'holt

wie riech'sch denn du?
spül mol dein Mund aus
im Bad steht Odol
war's dir schlecht?

was – kein Hunger
du will'sch abhänge?

Menschenskind
dann verschwind!
ruh dich aus
von deine karibische Nächt
verlier bloß net dei Hos
schmeiß den dreckige Schlofsack
net mitte ins Zimmer
gut Nacht!

so geht des net weiter
mit dem Zigeunerlebe
es wird immer schlimmer
ich hör nur noch Party
von unserm Herr Sohn
und diese blöde Ab-Wörter
der Spaß-Generation
die so klinge
als hätt mer schon g'nug
wenn's losgeht

ab-feiere
ab-tanze
ab-lache
ab-hänge
nur
ab-schaffe
hör ich nie

steht scheint's
im Fremdwörterlexikon

An de Fusionsgrenz

Es liegt idyllisch am Waldrand. An der Fusionsgrenze, grad noch im Badische. Ins Württembergische könnt mer rüberspucke. Also bildlich g'sproche. Aber die Leut sin schon schwäbisch. Ob se des wolle oder net. Mentalität hat verschwommene Übergäng. Ein Lokal im unnere Bereich der gehobenen Kategorie. Also immer noch so gutbürgerlich, dass sich der Normalmensch wohlfühlt. Ideal für die Leut, die sich was Besonderes gönne, aber net übertreibe wolle.

Schon die Bedienung, die alte Martha, sorgt dafür, dass es net so vornehm wird, wie die Besitzer des gern hätte. Sie stammt noch aus Zeite, als der „Schnepf" eine Bauerewirtschaft war. Gut achtzig Jahr hat die uff'm krumme Buckel. Schaffe bräucht die nimme. Aber die Bedienerei in der Schankraumluft g'hört halt zu ihrem Lebe. Der Küchegeruch, der Kontakt mit de Leut.

Die Junge in dem Familienbetrieb hätte sie gern los. Sie passt ai'fach nimme in ihr modernes Konzept. Zu ihrer Restaurant-Philosophie. Aber sie lasst sich partout net in de Ruhestand komplimentiere. Und der Seniorchef donnert kategorisch: „Die Martha bleibt!" Auch wenn er sich immer öfter bei de bessere Gäscht für sie entschuldige muss. Ihre Art versteht net jeder.

Sie verstellt sich halt net. Rau, aber herzlich im Ton. Sie serviert je nach Tageslaune und Sympathie. Es gibt Gäscht, die kann sie net leide. Vor allem solche, die pressiere. Die warte umso länger, bis ihr Esse lauwarm kommt. Des lasst sie boshaft bei der Durchreiche stehe. Ich hab des schon beobachtet.

Drängler schiebt sie öfter des Speisekarte-Büchle vor d'Nas. Ihr knorziger Finger trommelt auf des Vorwort. „Kennet Sie läse?" Die Leut hole ihre Brille raus. „Wir bitten um etwas Geduld, da wir alle Speisen frisch für Sie zubereiten".

Des kann mer glaube oder net. Ich kann's mir net vorstelle. Bei so viele grundverschiedene Gerichte in der Kart. Es wird so sei, dass die in der Küch net hinnerher komme. Aber egal. Ob manches schon Stunde vorher frisch zubereitet wird, schmeckt mer net.

Offiziell kocht der Sohn. Aber der Senior mischt kräftig mit. Koch habe baide g'lernt. Nur halt ganz verschiede. Manchmol hört mer ihre Diskussione am Herd bis ins Lokal. Der Junior will innovativ schaffe. Was Neues ausprobiere. Der Alte wacht über die Tradition. Dass alles genau wie früher schmeckt. Der Kompromiss isch vielleicht grad das Besondere bei der Schnepf'schen Küche.

Ravioligroße Maultäschle mit Flusskrebsfüllung auf Bärlauchschaum muss der Sohn verantworte. Alles mit Zitronegras, Kokosmilch- oder Schokladsoß am Rehbrate – sein Problem. Dass zur Dekoration am Tellerrand vom Züricher Rahmgeschnetzelte oder vom Cordon Bleu immer noch ein Sahneklecks mit Maraschino-Kirsche abwärts rutscht, hat der Alte bestimmt. Oder dass es noch Saure Kuttle mit Bratkartoffel gibt. Oder Zigeunerschnitzel mit Paprikag'müs aus'm Glas. Dass die Leut vom Ort net ganz wegbleibe. „Von mir aus, dann mach halt dei Sinti- und Romaschnitzel!", hat der Sohn g'sagt.

Der Vadder hat drum gekämpft, dass der Stammtisch am Kachelofe bleibt. Bis zu der Drohung, sich endgültig aus'm Betrieb zurückzuziehe. Alles war erleichtert. Des Problem hat sich von selber erledigt. Dene Stammtischler hat's im Schnepf nimme g'falle. Die hocke jetzt dort, wo sie laut sei dürfe. Wer jetzt am ehemalige Stammtisch esse will, muss lang vorher reserviere. Sie habe den Vadder an sein Rückzugs-Verspreche erinnert. Aber er hat mit feuchte Auge g'sagt, er könnt sie doch net im Stich lasse. Des kriegt er net übers Herz.

In einem regionale Restaurantführer wird die Küche im Schnepf beschriebe. Es klingt e bissl ratlos:

Internationale Küche auf der Grundlage badisch-schwäbischer Hausmannskost mit französischem Einfluss und gelegentlichen mediterranen Anklängen. Bedingt kreativ, doch leider im Ergebnis nicht immer überzeugend.

Die Experimentierfreude des ambitionierten Jungkochs ist im Anspruch immerhin spürbar. Ein Ort für den bodenständigen Feinschmecker, der die Kirche im Dorf lassen will. Leicht angehobene, doch durchweg moderate Preise. Bei den Spirituosen, den Edelbränden, offenbar einem Hobby des Juniors, sollte man allerdings vorsichtig anhand der Karte auswählen …

Also des stimmt! Mit seine Schnäps spinnt er. Auf dem Schnapswage stehe gut dreißig Flasche. Erlesene Wässerle von Grappa bis Zibärtle. Die Sächele unnerschätzt mer vor der Rechnung gern. Weil se so schnell weggekippt sin. Aber mit einem Halsruck rückwärts könne halt zehn Euro weg sei. Bei einem „Ziegler" noch mehr.

Die Martha empfehlt de Leut zur Verdauung, also als Digestif, immer einen Obstler zu drei Euro. Sie habe ihr schon hunnertmol g'sagt, sie soll mit dem Wägele zum Tisch fahre. Des macht sie ab und zu. Aber so, dass die Flasche beinah umfalle. Halt widerwillig. Und dann kann sei, dass sie sagt: „Nemmet Se oi'fach en Obschtler. Der putzt durch."

Im Schnepf verkehrt überwiegend schwäbisches Publikum. Die Leut komme von weit hinne vor. Weil der Schnepf als „reäll" bekannt isch. Reell, bei leichter Kieferverschiebung über d'Zung g'rollt, entspricht einem Michelin-Stern im Schwäbische. Es bedeutet, es geht ehrlich zu. Rechtschaffe. Niemand wird über de Tisch gezoge. Den Gegewert von der Rechnung schmeckt mer beim Esse bis zum Komma im Endbetrag.

Manchmol geht der Junior in Kochskluft von Tisch zu Tisch. Wie in bessere Häuser üblich. Er erkundigt sich, ob's g'schmeckt hat. Nach dene Antworte kann mer die Leut nach Herkunft sortiere. Die Badische neige zum Übertreibe. „Hervorragend! Ganz lecker! Super!" Von einer schwäbischen Tischrunde kommt eher: „M'r hat's ässe kenne!" Oder als Ausdruck noch größerer Anerkennung ein beinah enthusiastisches: „Einwandfrei!" Mit gequetschtem Umlaut „ei".

Ich fahr net wege'm Esse ins Schnepf, sondern weil ich des Schwäbische so gern hör. Es schafft eine Atmosphäre, die mich ruhig und rundum zufriede macht. So angenehm schläfrig. Wie uff'm Eckbänkle von einer gemütliche Wohnküch. Die viele Vokale, die nur durch ihre Betonung ganz verschiedene Bedeutunge kriege. Es gibt kai Sprach, in der mer länger weniger, oder kürzer mehr sage könnt.

Oder des behäbig zum „ä" verdrückte schlanke „e". Des farblose Wörtle „Geld" kriegt als „Gäld" was Sinnliches. Oder des weitoffene schwäbische „a", des für badische Ohre wie rausgequakt klingt. Sogar bei ausländische Wörter. Wenn jemand in einer Karlsruher Pizzeria mit der Vokalfärbung eine „Pizza Marinara" bestellt, fahre alle Köpf rum. „Aha, ha'sch g'hört? En Schwob!"

Manchmol beneid ich die Leut um den kraftvolle Dialekt. Der kommt mir vergleichsweis vor wie ein Wurzelstock, von dem beim Schüttle die Wörter wie Erdbolle wegfalle. Beriesle kann mer sich von so einer Sprach net lasse. Sie isch en Platzrege. So sitz ich ab und zu im Schnepf in der Näh vom Kachelofe. Und bin ganz Ohr.

– Als Vorspeisle? I däd so e Salätle mit Gefliegelläber nemme.
– A wa! Des ka'sch au dehoim ässe!
– Moin'sch? Dehoim ässe? So ischt no au wieder.
– Nemm doch – wie hoißt des? Den mediterranen Salat mit Krevättle!
– Wa? Wo?
– Säll do!
– A wa, noi!
– Ja wa no?
– Ha'sch du scho äbbes g'fonde?
– Eventuäll des Lachscarpaccio do.
– Wa? Die dünne Scheible? Die Läpple? I ha Honger. I mecht äbbes ässe, wo i net durchgucke ka!
– Woi'sch no, Chrischtl? In Florida driebe. In dem Lokäle in Key Wäscht dronte. Do hend mir zwoi einen Lobschter g'ässe.

– Ein Jenseits-Brocke isch des g'wäse. Wa hend m'r sällmols zahlt?

– En Haufe Gäld! Des ischt nach G'wicht g'ange. Des ha i net wisse kenne. I ha nomme den Hondergramm-Preis g'säh. No ha i g'ässe!

– Aber des Floischle! Einmalig!

– Gang m'r wäg! Mit dem Lompezeug ka'sch mir koi Freud mache. Beim Ässe mecht i net au no schaffe miasse. Brauch'sch en halbe Werkzeugkaschte.

– A wa! Den kriag'sch doch kloi g'macht! Ka'sch grad nei'schiebe.

– Oinewäg, s'geht m'r nix ieber en g'scheite Zwiebelroschtbrote.

– Ha wa! Säll ischt äbbes rächt's! Mit'me Sößle. Do kennt i mi nei'setze!

– Wirscht lache, des hend mir dies Johr in Sydney g'ässe! Gäll, Chrischtl? Au no mit Spätzle, handg'schabte!

– Ha wa, ha noi, sag nomme. Wie des?

– Do hat oiner aus Balinge e Wirtschäftle aufg'macht. „Pfischterer's German Corner" hat des g'hoiße.

– Jetzt machet mol nore, dass m'r b'stelle kennet!

– Also i nemm e Süpple vornewäg. So e badisches Schnäckerahmsüpple. Probier i oi'fach mol.

– Wa? Schnäcke? Mit Schnäcke ka'sch mi jage! I ha mol auf oine bisse, die ischt no roh g'wäse. Mi schüttelt's heit no! Do kau'sch drauf rom. Die kriag'sch net kloi. Die ka'sch durch d'Zähn drucke, die bleibet ganz. Die schiab'sch im Maul rom wie so e Gommibärle.

– Jetzt dapp's net aus, gäll!

– I ha des Schnäckle net ronterschlucke kenne. Oms Verrecke net! Es ischt au no bei'me G'schäftsässe g'wäse. I hätt beinah an mir ra'kübelt. I ha scho en rote Meckel g'het. Ond so e G'schmäckle in de Gosche.

– Herrschaftswält, Hälmut! Die Leit am Näbetisch wellet no ässe!

– I ha du, als müesst i huschte. No ha i den Schnäck, den liedriche, in d'Hand nei'gspuckt ond hälinge onder de Disch falle lasse. No ischt der am Bode nomol abdopst wie e Hopfbälle.

– Pfui Deifel, Hälmut! Es däd jetzt lange!

– Ond bleibt dem Freilein Schäuble näbe mir auf ihrem Pömpsle liege. Beim Hoimwäg hat die den Schnäck g'sähe. Der ischt feschtbäppt g'wäse. Wenn auf dem andere Schühle au no oiner g'hockt wär, no hätt des ausg'sähe wie g'wellt.

Es kommt vor, dass ich noch e Achtel Lemberger bestell. Bloß zum Zuhöre.

– Mir send dies Johr mit dem „Schwabenpfeil" in Fenedig g'wäse. Nomme vier Däg. Komfort-Busle. Pflägtes Hotel. Die Organisation einwandfrei. Reäll.

– Kuluräll kriag'sch au äbbes bote. Mue'sch jo net ieberall mitdappe.

– Ha no, säll net. Aber die Führunge send im Preis drin. No will'sch halt au äbbes säh.

– Wie hoißt des? – „Fenedig sähen und stärben".

– I moin, des ischt Neapel.

– Oinewäg. I he's ieberläbt. Aber koine zeh Gäul bringet mi meh in die Stadt!

– I woiß net, wa du hascht. Mir hat's g'falle!

– No ischt rächt. Wenn's dir nomme g'falle hat, Weib!

– Sälle Nacht, wie mir am Canale Grande g'ässe hend. Des ischt doch einmalig g'wäse! Ganz b'häb am Seifzerbrückle send m'r g'hockt!

– Am Rinaldobrückle hascht sage welle!

– Ischt des net die Seifzerbrücke g'wäse? I moin doch!

– A wa! Dort ka'sch'it hocke! Die goht von oi'm Haus ins andere nieber.

– No ischt's äbe in Gottsname dei Rinaldobrückle g'wäse!

– Obwohl. Wenn i dra denk, wa mir für des lompige Ässe ond des mäulevoll Rotwei zahlt hend, no däd Seifzerbrücke au passe!

– Ha no, an sälle Plätz zahl'sch äbe fürs Hocke. Defier hend die Gondoliere om ons rom g'songe ond …

– Die Japaner hend aus dene Schiffle glotzt ond Büchsebier tronke. Ond no ha i no die schwarze Spaghätti kriegt!

– Dei G'sicht – i muess heit no lache!

– I ha in den Däller nei'guckt, no ha i scho g'ässe g'het! Des hat ausg'säh wie e Schipple Dreck vo'me nass rausputzte Ofeloch. Die Spaghätti send dog'läge wie en Klompe Würm auf'm Spate beim Umstäche.

– Ka'sch no lauter schwätze? Näbedra ässet d'Leit!

– I ha den Källner an sei'm weiße Kittele bei'zoge. „Uno momento, Signore", ha i g'sagt. „Piano, gäll! Spaghätti schwarz. Colore. Warom? Wa ischt des?" No hat der domm guckt. D'Schultere zuckt.

– Du ka'sch'it verlange, dass die älle deitsch verstandet!

– A wa! Der het net welle! Des ischt e Spitzbüble g'wäse! Im Roisefiehrer ha i g'läse, die Fenezianer seiet oft e bissle von obe ra.

– Der Ma hat koi Zeit g'het! Des Lokal ischt vollg'hockt, Eugen! Also mir ischt des Rom on Nom o'agnähm g'wäse. Älle hend glotzt.

– Ha no, jetzt aber! I mecht doch no wisse welle dierfe, wa i äss!

– No hätt'sch halt au äbbes b'stelle müesse, wa'd kenn'sch! – Des ha i doch welle! Spaghätti Carbonara. Nummer oisedreißig. I ha no draufdeutet. Ois-ond-dreißig hat i deutlich g'sagt.

– Der hat äbe die deitsche Zahle net kennt. No hat der nomme auf dein Fenger guckt. An sällem Obend hascht du dei Brille im Hotäl vägässe. No bischt in der Zeile verkomme.

– Wie ischt des no weiterg'ange?

– I ha den Kerle net springe lasse. I ha auf des Blüsle von einer Frau deutet. „Black", ha i g'sagt. No ha i auf mei Ässe zeigt. „Black too! Why? Normal always white. What is black in my Spaghätti Carbonara?" No ischt bei dem Kerle de Grosche g'falle!

– Englisch ischt äbe oi'fach die Wältsprache!

– Ha no, i ha äxtra kurze Sätzle g'macht. Dass der mi verstoht.

– Chrischtl, i sag dir, des ischt e Mannsbild g'wäse zom Schwachwerde! So'n donkle siedländische Lover. Wie der Omar Sharif in sällem Film sällmols. E paar Äugle hat der im Kopf g'het! Die hend so von inne raus glüht.

- Vielleicht hat er Fieber g'het! – Mit'm Zoigefenger hat er mir vor de Nas romg'wackelt. „No Carbonara, Signore. Spaghetti Nero." No äbbes hat er g'sagt. Wa war des, Dorle?

- I moin „Säppia" oder so äbbes.

- Sepia heißt des. Des Wörtle kenn i vom Wasserfarbekaschte in de Schul. Des ischt so e Drecksfärble onde rechts g'wäse. „Sepia? Colore capito. But from what comes it?", ha i wisse welle.

- No ischt der langsam mit sein're Hand ieber den Disch g'fahre. Hat die Fenger nach hente g'sproizt ond die Fengerspitzle ällweil so auf- ond wieder zämmeklappt. – So o'gfähr.

- Noi, wa! So hat er des g'macht! Gucket!

- No hat er ieber mei'm Däller an der Fauscht romdruckt, als däd er die ausquätsche welle.

- Mit oi'm Mol hat's ons dämmert, wa die in der Küche treibet.

- Die hend die Brüh von dene Dindefisch in die Spaghätti nei'träufelt! Eine „Spezialità di Fenezia" sei des. I ben höflich bliebe. I ha nomme zum Dorle g'sagt: „Des Lompezeug kennet die sälber ässe!" No ischt der Kerle beleidigt abzoge. Do hat er deitsch verstande, gäll!

- A wa! Der hat an dei'm G'sicht g'säh, dass du schempf'sch.

- Ja ond wa no? Hascht des Ässe no umdauscht kriegt?

- Von wäge! Des machet die net. In Fenedig wirscht eiskalt abzockt!

- Ha no, Eugen, der Källner hat des scho ei'tippt g'het. Des Kassezättele hat er dir zoigt.

- Kulanzmäßig hätt der des in die Mikrowälle schiebe kenne! Der Bachl! Bis des oiner widder verlangt.

- Ja wa hascht no g'macht? Hascht's oi'fach stande lasse?

- Viel hat net g'fählt! I ha lang zögert. Es ischt scho kalt g'wäse.

- M'r hätte's oinewäg zahle müesse.

- Hascht's no doch g'ässe?

– Noi, g'ässe net. I ha's meh in mi nei'druckt! Froget net, wie! Meine Leibspeise wird des g'wieß net. Die Hälft ha i packt.

– Ha wa, Eugen! Du hascht beinah älles wägputzt! Drei Spaghättile send no im Däller bliebe!

– Ka sei! Wa woiß denn i? I ha net guckt. I ha net au no sähe welle, wa i äss. Was wäg ischt, ischt wäg, ha i nomme denkt. Dene Fenezianer schenk i nix!

– Also i muess sage, meine „Pizza Quattro Stazione" hat m'r ässe kenne. Die ischt net schlächt g'wäse.

– Dorle, die Aussprache! I ha dir scho oft g'sagt, des hoißt net „Quattro Sta-z-ione"! Sonscht wär des eine „Vier-Bah'höfs-Pizza"! Was sott denn do drauf sei? „Sta-tschione" hoißt des: Jahreszeiten!

– Vo mir aus. I ha wänigschtens koine Dindefischbrüh-Spaghätti Carbonara ässe müesse.

– I ha mi oinewäg g'wondert, dass du ieberhaupt g'ässe hascht an sällem Plätzle. Mit dei'm feine Näsle. Dehoim bischt du so äbbes von heikel!

– Warom? Des Wirtschäftle ischt sauber g'wäse. I ha mir die Toilätte a'guckt. Picobällo putzt!

– No hättet m'r äbe e Dischle auf'm Klo bestelle müesse! Ond net drauße an dem Brückle. Der Kanal hat jesesmäßig g'stonke! Hascht du au mol g'sähe, wa in dere Dreckbrüh an dem Trepple älles romdümpelt ischt?

– Ha noi, wa! I ha meh d'Leit a'guckt. I ha des Ambiente genieße welle.

– Eisbächerle, Contrexfläschle, a'bissene Wecke, älte Schlappe, faulige Meloneschnitz send do g'schwomme. Fischköpf, Mullbinde, Kondomschächtele, wa woiß i no älles. Des ischt des Ambiente onderom g'wäse! Ond do sott mer no mit Appätit ässe!

– Ha no, des Fenedig ischt äbe eine Tourischtestadt. D'Leit kommet ond ganget. Die schmeißet oi'fach älles wäg, weil se net bleibet.

– A wa! Des kennt m'r scho e bissle sauberhalte. Grad weil so viele

Leit von auswärts kommet. So äbbes wie eine Kehrwoche kennet die scheint's net!

– Ha des ischt jetzt aber saudomm rausg'schwätzt! Kehrwoche in Fenedig! Sollet die Leit no im Wasser romfäge?

– Noi, des net. Aber rausfische kennt mer des Zeug! Abschöpfe! Regelmäßig abschöpfe! Mit're Stange mit'me Netzle dra. Ganz oifach. Wenn die koine Kehrwoche mache kennet, no sollet se äbe eine Schöpfwoche mache! Freidags …

Wenn ich des Stündle vom Landhaus Schnepf haimfahr, quer durch de nächtliche Kraichgau, sitz ich im Auto wie nach'me Entspannungsbad in Wörter.

Landsmann

Er isch im Grund
ein geselliger Mensch
lieber Gott
er kann's halt net so zaige
wenn Leut debei sin

der isch an sich
schon kontaktfreudig
nur net glei
mer spürt halt
es muss net unbedingt sei
bitte, es geht a so

er geht auf Mensche zu
aber des dauert
des dauert
und wenn se nimme do sin
wenn er auf sie zugeht
isch's a recht
dann hat er wenigschtens sei Ruh

er hat Temperament
sogar beinah südlich
er lasst's nur net raus
er fresst's in sich nei
deshalb wirkt er von auße
so karlsruherisch g'mütlich

er hat eine Eselsgeduld
er guckt lang zu
bis es ihm langt

er isch halt tolerant
gut badisch liberal
des haißt
er winkt oft müd ab
mit seiner Rothändle-Hand:
Oh, macht was ihr wollt
so isch's wore
des isch doch mir egal!

nur in Notfäll
wenn ihm de Krage platzt
reagiert er blitzschnell
nur zu spät
e bissl zeitversetzt
dass sich alles am Kopf kratzt
um Gottes wille
was hat er denn jetzt?
er schlagt alles z'amme
aus'm Stand
grad war er doch noch
so schön tolerant

er isch freiheitsliebend
querköpfig, aufmüpfig
ein Revoluzzer traditionell
vor der Obrigkeit
duckt der sich net
er bleibt lieber hocke
als Riesling-Rebell
die Gedanken sind frei
ob mer steht oder sitzt
ich hab so des G'fühl
mein lieber Landsmann
isch net aus dem Holz

aus dem mer Guillotinen schnitzt
besser Wirtshausstühl
wo mer g'mütlich sitzt

aber bitte
so ischt es nicht
er hat's mol probiert
mit der Revolution
es isch lang her
s'war e traurige G'schicht
aber unser Stamm
isch heut noch stolz
die Lieder ziehe noch immer
durchs badische Gemüt
es hat nur net funktioniert
es war halt mehr
aus'm Affektstau raus
eine verzögerte Kurzschlussreaktion
die uns ähnlich sieht
ein Sauzorn im Ranze
en avant les bataillons!
Ideale im schwitzige Schädel
égalité fraternité liberté
aber null Organisation
sowas geht leicht
grandios in d'Hos

er hätt des Zeug
zum Revolutionär
wenn d'Kirch im Dorf blieb
wenn nachher alles
genau wie vorher
nur e bissl besser wär

er isch von Natur
ein bescheidener Mensch
badisches Understatement
sag ich nur
er will nie im Vordergrund stehe
er drängt sich lieber
nach hinne durch
aber so
dass es alle sehe

er isch leichtlebig
es fallt ihm nur e bissl schwer
Frankreich isch net weit
des luftige Savoir-vivre
hat de Wind über de Rhein getrage
mit Flammekucherauch vom Elsass her
es vertragt sich halt schlecht
mit dem Savoir-travailler
von seiner schwäbische Seit
er wird's ums Verrecke net los
des hat er im Blut
des bleibt
dass er's mit der Lebensfreud
net übertreibt

er fühlt sich
als deutscher Viertelsfranzos
oder noch besser
als badischer Elsässer
sowas gibt's halt net
aber immerhin
er isch gottlob
net ganz so deutsch
wie'n Schwob

nur zum Verwechsle
verschiede

mein Landsmann isch so
wie ich ungefähr bin
er lebt gern
am Rand von dem Land
in de Näh von de Tür
halt so'n Kerl zwischedrin

Mit leere Händ

Herrgott! Ich hab doch g'sagt, schenkt mir bitte nix, was rumsteht! Womöglich länger als ich selber! Seid so gut, schenkt mir nix, was ich bis jetzt net vermisst hab! Meine Schränk sin voll! Ich hab alles, was ich net brauch! Sogar doppelt!

Dass ihr net mit leere Händ komme wollt, kann ich versteh, hab ich g'sagt. Bringt e gutes Fläschle Wein mit. Oder en Mirabelleschnaps aus'm Elsass, Schwarzwälder Speck, Pfälzer Dosewurscht. Über sowas freu ich mich immer. Des kommt weg. Machet von mir aus so eine Art Fresskörble. Wie früher. Nur ohne Pfund Kaffee und Piccolo. Sowas kauf ich mir inzwische selber. Außerdem bin ich noch net im Seniorenstift. Aber steckt mir kai Buch zwische die Fressalie! Nur dass es kultureller aussieht. Des muss net sei. Den Korb könnt ihr widder mitnemme, hab ich versproche. Ich mag nix rumstehe habe! Also hab ich mich denn net klar ausgedrückt?

Ein Käsemesser! Ergonomisches Design. Fingerdelle am Griff. Billig war des net! Doch, liegt gut in der Hand. Vier Löcher in der Kling. Wird schon en Grund habe, funktional. Verringert vermutlich den Widerstand beim Durchschneide von so'me überreife Münschterkäs. Den drückt's durch die Löcher seitlich raus. Dann geht's leichter. Obwohl – ich hab mit mei'm Welleschliff-Messerle zu drei Euro fuffzich bisher jeden Käs problemlos g'schnitte kriegt. Sogar Kupferdraht und Paketschnur säbelt des durch. Bleibt scharf. Halt deutscher Qualitätsstahl. Solingen rostfrei. Der schwarze Plaschtikgriff hat noch niemand g'stört. Hauptsach, de Käs schmeckt. Aber Moment! Neulich, des Esse bei mir. Hat net die Sonja beim Käsplättle ihrem Robert zug'flüschtert: „E Käsmesser hat er net. Des wär doch was." Herrgott, die lauere schon Woche vor'm Geburtstag, ob mir net doch was fehlt. Besonders die Fraue. Was mach ich jetzt mit dem Käsmesser von Mohrhaupts? Vanadium. Viel zu hart für Käs. Aus einem Stück geschmiedet. Des könnt ich als Brecheise nemme. Wenn ich den Briefkaschteschlüssel mol widder verlore hab. Aber beim nächschte Besuch wolle die doch ihr Käsmesser bei mir sehe. Die gucke genau! Deshalb komme die! Dann hol ich des Ding g'schwind aus'm Werkzeugkaschte, weil ich's dort vergesse hab! Wie sieht denn des aus! Also, des kommt in die Küchetisch-Schublad. Ab heut hab ich endlich e Käsmesser! Des muss ich jetzt dringend brauche. Aber mei Welleschliff-Messerle schmeiß ich deshalb net fort! Mer kriegt halt immer mehr Kruscht z'amme!

Jesses, die elektrische Wok-Pfann! Die sperrige Blechschüssel! Sojasoß, Ess-Stäble, Glasnudle, Sambal Ölek drin. In Geschenkfolie verpackt. Zellophan oder sowas. Durchsichtig. Dass mer beim Auspacke net verschreckt. Den Schreck hab ich vorhin schon überspielt. So gut halt die G'sichtsmuskle mitspiele. Jetzt, wo alle fort sin, könnt ich so ganz entspannt verschrecke. Zu spät.

Im erschte Moment isch mir rausg'fahre: „Au, was isch'n des? – Ein Wok? Um Gottswille! Sogar transportabel! Mit Kabel!" Dann isch mir ei'gfalle, dass ich mich freue muss. „Ja sowas! Des hat mir grad noch … des hat mir genau g'fehlt! Ja super! Danke! Aber ihr spinnt doch! En Haufe Geld ausgebe! Ich hab doch g'sagt …" Sie habe zu viert abg'winkt. Sie hätte z'ammeg'legt. Zuerscht wollte sie mir ein Sushi-Service aus der Asia-Boutique hole. Des sei sogar billiger g'wese. Aber kürzlich bei dem Sushi-Abend bei Bergmanns hätt ich mich abfällig geäußert. Aber wie! Des hätt net sei müsse, dass ich mich bei jedem Bisse schüttel. Des sin japanische Fürz, hätt ich g'schimpft. Roher Fisch sei was für Schiffbrüchige auf einer Insel. Dann hätt ich ausgiebig verzählt wie ich Zander in Riesling mach. Auf der Haut gebraten. Vor allem, gut durch müsst er sei. Aber zu so'me Feng Sushi bräuchte se mich nimme ei'lade. Sie hätte über die Verwechslung lache müsse. Nur die Bergmanns net. Die Jutta hätt sogar im Flur g'heult. Deshalb seie die übrigens heut net zu meinem Geburtstag komme. Ob ich mich denn an den Vorfall nimme erinnere könnt? Nimme wüsst, was ich g'sagt hätt?

Jetzt erinner ich mich dunkel, dass irgendwas war. Aber dass ich sowas g'sagt habe soll? Möglich wär's. Ich hab an dem Obend ziemlich viel gebechert, aber kaum was g'esse. Rotwein. Merlot aus so'me 5-Liter-Kartönle. Zum Selberrauslasse per Daumedruck am Gummihahne. G'fährliche Sach, weil mer net sieht, wie die Schachtel leichter wird. Solang des ordentlich rausläppert, lüpft mer die net. Aber ich hab gern die genaue Kontroll beim Trinke, Transparenz. Ich muss sehe, wieviel fehlt, dass ich waiß, was ich noch vertrag. Ab'me gewisse Quantum schwätz ich entweder gar nimme, was net so schlimm wär. Oder ich neig dazu, brutal ehrlich zu sei, radikal wahrheitsliebend, verletzend direkt. Wie bei Bergmanns vielleicht. Bei Flaschewein wär mir des net passiert. Dann hätt ich mich diplomatischer ausgedrückt. Hätt g'sagt, des Sushi sei etwas gewöhnungsbedürftig. Des wär ehrlich genug g'wese.

Es gibt noch so ein Stadium, wenn ich mich übertrink. Ich pfeif Sätze ab der Hälfte nur noch zu End. Mit einer erklärenden Handbewegung. Soweit war ich bei Bergmanns noch net. Der Karton war vorher leer. Jedenfalls sollt ich mich bei der Jutta entschuldige.

Ein Sushi-Service aus Porzellan wär mir jetzt lieber. Des könnt mir irgendwann aus Versehe vom Tablett rutsche. Sowas passiert halt. Aber so eine Wok-Pfann mit'me halbe Meter Durchmesser! Mit einer kiloschweren Heizkonsole. Für Balkon, Terrasse und Garten.

Nur weil ich bei Röpkes beiläufig bemerkt hab: „Schmeckt wirklich prima für ohne Fett! Deshalb sieh'sch kaum dicke Chinese. Alles so drahtige Sparrefandl." Es isch net so, dass ich net gern chinesisch ess. Ab und zu. Bei Röpkes. Aber dann langt's widder für e Weile. Lieber Gott, es muss doch net jeder so ein Wok rumsteh habe!

Ich hab e winziges Balkönle. Für vier Leut maximal. Wenn ich des Gerät raustrag, müsse die alle kurz nei, bis es steht. Dann könne se vorsichtig widder raus. Dürfe net übers Kabel stolpere. Mit de Elleboge an de Rippe müsste die uff de Knie esse. Weil die Schüssel den ganze Campingtisch braucht. Arg g'mütlich!

Außerdem, die kenne mich doch lang genug! Die müsste wisse, dass ich's eher deftig mag! Ich bin net von der Light-Fraktion, generell net! Ich ess, trink, rauch, leb net light! Alles heavy! Solang ich des noch vertrag. Fett isch net g'sund, aber ein Geschmacksträger. Soll ich meine Bratkartoffel mit Leberkäs im Wok rumschiebe? Im Winter eine chinesische Schlachtplatt mit Sauerkraut ohne Schmalz? Mit dene Stäble Griebe aus de Griebewurscht picke? Aussortiere?

Ein Blutdruck-Messgerät! Digital. Fürs Handgelenk. „Es isch was Nützliches", hat sich die Traudl entschuldigt. „Vielleicht freu'sch dich garnet so drüber." Ich hab mich beim Auspacke wenigschtens net verstelle müsse. Ein neutral überraschter Gesichtsausdruck war in Ordnung. Sie hat net mehr erwartet.

Jetzt geht's aber los! Geburtstagsgeschenke vom Sanitätshaus! Angora-Unnerwäsch, Medima. Heizkissen, Rheumastulpe, rutsch-sichere Gummimatte mit Noppe für d'Badwann, Nieregürtel, aber nimme zum Motorradfahre. Später orthopädisches Schuhwerk, Krücke. Für einen Rollator müsste se z'ammelege. Dann formschö-ne Bettpfanne mit Deckel aus Edelstahl. Oder Schnabeltasse. Des Inkontinenzmaterial zahlt d'Krankekass. Wunderbare Aussichte! Der „Storch & Beller" wird zur G'schenkboutique! Aber freue muss ich mich net, oder?

Der Blutdruckmesser. In der Schachtel von der Firma. Mit Gebrauchsanweisung. Originalverpackt. Aber net noch, sondern widder. Die Perlon-Manschette bissl speckig, Rissle am Rand. Leichte Gebrauchsspure. Die Traudl hat g'sehe, dass ich des merk. Der sei noch von ihrem Helmuth, hat se schnell g'sagt. „Aber kaum benutzt. Praktisch wie neu. Bei mir liegt der nur im Schrank. Wär doch schad!"

Der Helmuth war als Lehrer grad im Ruhestand, auf den er sich jahrelang innerlich vorbereitet hat. Ein engagierter Schulmann, nur am End halt e bissl müd. Burnt out. Ohne Schul isch er zunehmend aufgeblüht. Schöne Pension. Drei Monat lang. Dann Herzinfarkt beim Wandere mitte im Pfälzer Wald. Exitus im Vogelgezwitscher. Ein Jahr her. Oder länger schon? Zwei Jahr? Könnt sei. Die Zeit vergeht schnell, wenn mer überlebt. G'raucht hat er übrigens net.

Gut, so'n Blutdruckmesser isch was relativ Unpersönliches. Ohne ideellen Erinnerungswert. Trotzdem. Irgendwie g'schmacklos, sowas zu'me Geburtstag weiter zu verschenke. Mir gegenüber direkt pietätlos. So ein Witwenpräsent. Herrgott, ich will kaine Sache von Freunden, die nimme lebe, von ihre Fraue g'schenkt kriege! Ich bin abergläubisch! Bei medizinischem Gerät sowieso!

Des Fläschle Wein im Gückle isch noch von ihr. Gewürztraminer Spätlese, Jahrgang 1997. Vom Helmuth seinem Pfälzer Stammwinzer. Vermutlich blind aus'm Kellerregal gegriffe, Staub abg'wischt. Der isch doch garantiert umgekippt. Wahrscheint's noch vor'm Helmuth. Wegschütte! Du lieber Himmel! Noch'n Wanderführer von der Südpfalz drin! Mit Eselsohre, Kuliverkritzelt. Stark zerwandert. Tourenvorschläge, zu überwindende Höhenmeter, Marschdauer, Einkehrmöglichkeiten. Was soll ich mit dem Ding? Ich fahr oft in d'Pfalz. Ich geh dort gern spaziere. Aber für des bissl Umweg zwische Parkplatz und Wirtschaft brauch ich keinen Wanderführer. Ich hab mich noch nie in der Pfalz verlaufe!

Ich glaub beinah, die Traudl entrümpelt den Nachlass von ihrem Helmuth. Vielleicht ein neuer Mann im Spiel, den sie uns heut noch net vorstelle wollt, weil die Probezeit noch lauft? Sie war übertriebe beschwingt. So spätverliebt locker in de Hüfte. Ich gönn ihr des neue Glück. Nur bitte, des alte net bei mir entsorge. Ich bin keine Vergangenheits-Deponie!

Was noch? Eine Dekantierkaraffe soll des sei. Und ein Weinthermometer! Sieht edel aus in der Wurzelholz-Schatull auf blauem Samt. Aus Sterlingsilber. Ein typisches Friedhelm-Geschenk!

Horch, Friedhelm, mach du weiter deine Weinseminare, deine Kochkurse bei Sterne-Köch! Lass dir von dene prominente Brutzler bei Kochsendunge im Fernsehe die Rezepte schicke! Fahr zur

Trüffelzeit ins Périgord! Pilger als spitzmündiger Edelfresser mit dem Guide Michelin durch das Burgund! Klapper von mir aus im Urlaub sämtliche Winzer in der Toscana ab. Weingut-Hopping im Chiantigebiet. Mit Olivenöl-Shopping. Eiskalt gepresst, ganz extra vergine. Wenn's geht, die Olive noch von Jungfraue bei Vollmond handgepflückt! Des schmeckt mer! Gibt's nur in der Fattoria Sowieso! Mach du ruhig so überzwerches Zeug! Mir egal. Aber lass d'Kirch im Dorf, wenn du zum Esse bei mir bi'sch!

Rümpf net d'Nas, wenn ich mei Oliveöl dort kauf, wo ich grad bin, wenn es mir ausgeht! Des kann beim Aldi sei. Zufall. Runzel net immer deine Sommelier-Stirn, wenn ich mit'm Rotwein hantier. Soweit ich mich erinner, hat sich bei mir noch niemand über eine fehlende Dekantierung beklagt. Außer dir natürlich!

Mensch, Friedhelm! Seit – lass mich überlege – seit vierzig Jahr trink ich jetzt Rotwein! Selte zu viel, aber nie zu wenig. Und immer ohne Zwischenlagerung in so'me Dekantierkaräffle! Von der Flasch ins Glas zum Endverbraucher. Stell dir vor, sogar ohne Weinthermometer! Immer frei Schnauze! Nach handgemessener Fühltemperatur an de Flasch. Alles Erfahrungssach. Learning by drinking. Nach dem Leergut, des jetzt rumsteht, war der Wein richtig temperiert. Ob der vorher ausreichend geatmet hat? Keine Ahnung. Nimme wichtig. Er isch fort!

Sei mir net bös, Friedhelm. Dei Karaff nemm ich jetzt als Blumevas. Nur provisorisch. In der Wohnung sieht's aus, wie in'me Blumelade am Muttertag. Es könnt halt sei, dass aus dem Provisorium eine Dauerlösung wird. Des geht schnell bei mir. Ich vergess sogar oft, was manche Sache ursprünglich ware. Seit Jahren stell ich meinen Wecker mit einer Krawatteklammer. Weil des Knöpfle am Gehäuse, made in Taiwan, im Schlitz abgebroche isch. Wozu bräucht ich sonscht eine Krawatteklammer? Es gibt viele Beispiele für dauerhafte Zweckentfremdung bei mir. So eine Dekantierkaraffe wird leicht zur Blumevas.

Jedenfalls, wenn du komm'sch, spül ich die Blumevas vorher gründlich aus. Ich hol des Weinthermometerle aus meiner

Kramschublad. Dann wird dekantiert, rumg'läppert, stehe g'lasst, Temperatur g'messe! So lang, bis alles genau stimmt, dass mer endlich trinke könne!

Glaub mir, du bräucht'sch eine Frau, Fiedhelm! Aber keine Dame! Also von der Sort kenn'sch du genug. Ich main, eine richtige Frau! Was Bodenständiges! Die dir e bissl an deiner piccobello Garderobe rumfummelt, dich abdekoriert! Weg mit dem Seidenschal, dem depperte Herrehandtäschle, dem altbackene Poussiertüchle Marke Kavalier der alten Schule! So eine Frau, die im Lokal schon sitzt, wenn du ihr grad galant den Stuhl unner de Po schiebe will'sch! Die bei dir ihr Parfüm durchschwitzt und dann sogar noch besser riecht! Des wär dir zu wünsche, du graumelierter Hagestolz-Dandy. Bevor du endgültig zum Minnesänger wir'sch. Zur Ausweitung deiner erogenen Zonen. Dass du vielleicht merk'sch, es gibt noch andere Genussorgane als des Gaumezäpfle! Oder isch's schon zu spät?

Herrgottsack! Jetzt hab ich alle Kuverts kontrolliert. Durchg'lese. Nur normale Grußkarte. Gott sei Dank! Ich war schon erleichtert. Im letschte Umschlag – doch widder ein Gutschein!

Als hätt ich net dringend gebete, keine Gutscheine bitte! Weder für Ballonfahrten, noch für Wellness-Wochenenden in irgendwelche Sporthotels. Womöglich noch mit Golf-Schnupperkurs. Dass die ai'fach net begreife wolle, dass ich mich terminlos dehaim sauwohl fühl! Des isch für mich Wellness pur! Alles mache könne, aber nix müsse. Notfalls nur rumhänge. In de Zeitung gucke, was los isch. Wo mer überall net sei muss, wenn mer net will.

So ein Gutschein isch nur e bedrucktes Kärtle. Der steht zwar net in de Wohnung rum, aber im Terminkalender! Dort schiebt mer ihn vor sich her. Bis mer ihn endlich einlöst, dass mer's rum hat.

Spendiere mir die Herzogs eine Ayurveda-Behandlung mit einstündiger Massage! An sich eine schöne Idee. Massiere lass ich mich gern. Ob ayurvedamäßig sanft, spirituell, oder mit Kraft auf AOK-Krankeschein. Am liebschte wär mir allerdings ein Hausbesuch nach telefonischer Vereinbarung. Kurzfristig, spontan.

Aber doch net in einem „Haus Regenbogen" bei Wangen im Allgäu! Ich denk, ich les net richtig! Mit einem Glas Holundersaft zur Begrüßung. Einführung in die indische Gewürzküche. Eine Übernachtung. Auf Wunsch und je nach Belegung im Einzelzimmer. Schlafen im Heubett. Wunderbar! Ich mit meiner Gräserallergie! Reichhaltiges vegetarisches Frühstücksbuffet. So ein Widerspruch in sich! Wie soll des geh? Ohne Rührei mit Speck? Oder wenigschtens Lyoner? Deshalb soll ich drei Stunde ins Auto hocke! Eher vier bei meiner Fahrweise.

Aber bitte, ich bin selber Schuld! Weil ich immer so interessiert guck, wenn mir d'Leut was verzähle. Wie die Herzogs von ihrer Allgäuer Ayurveda-Erfahrung. Oder der Volker vom Golfspiele. Der Rudi und seine Elvira vom Tauchurlaub. Ich hör mit große Auge zu, wenn mir der Bertram seine alljährliche Schweigefasten-Woche in einem Benediktiner-Kloster in Niederbayern ans Herz legt. Mit Fastenwanderung. Für mich eine undenkbare Wortverbindung. Grausam! Den Gutschein hätt ich schon garnet akzeptiert. Den hätt ich mir auszahle lasse, wenn möglich. Aber wahrscheinlich hätte die fromme Brüder des Geld nimme rausg'rückt. In dem Fall hätt halt der Bertram noch e zwaite Woch Kohldampf schiebe dürfe. Mit geistlichem Coaching. Net billig sowas, hab ich g'hört. Das karge Ambiente, den fehlende Service zahl'sch mit.

Ich hör gern zu. Erschtens, weil ich dann selber net so viel schwätze muss. Zweitens, weil ich wisse will, warum ich keine Gutscheine brauche kann. Mir fehlt viel net!

Ayurveda im Allgäu. Haus Regenbogen. Nur Samstag auf Sonntag. Des geht. Den Zeitpunkt kann ich selber bestimme. Sollt ich bald mache. Dann hätt ich's hinner mir. Vielleicht schon am kommende Wocheend. Warum net?

Halt, des geht net! Ich bin beim Kurt zum Sechzigschte ei'glade. Riesige Party mit Zelt, Frontcooking und Oldie Band im Garte.

Feuerwerk gege Mitternacht. Des sieht dem ähnlich. Der Kurt kleckert net, der klotzt. Die Schenkerei hat er schriftlich geklärt. Wo hab ich denn die Einladung? – Hier, fettgedruckt. „Keine Geschenke bitte! Am Leuchtpfosten bei unserem Koj-Teich haben wir einen Veuve-Cliquot-Champagnerkühler für Geldspenden deponiert. Der Erlös geht zur Hälfte an Brot für die Welt. Die andere Hälfte an den hiesigen Hospiz-Verein Seerose".

Hut ab vor dem Kurt! Dass der sich so spät noch zum Wohltäter wandelt, hätt niemand erwartet. Recht hat er! Mit Sechzig kann mer sich nix Besseres schenke lasse, als des G'fühl, ein guter Mensch zu sei. Des hat mer oft noch net. Des wärmt, macht zufriede und steht nirgends rum. Ich mach des beim nächschte Geburtstag genauso. Und zwar schriftlich! Dass ich was in de Hand hab.

Übrigens eine schlaue Idee, den Sektkübel unner den Leucht-pfoschte zu stelle! Im Licht spende d'Leut großzügiger als in're dunkle Ecke. Sie krame net unbeobachtet in dem Spendetopf nach Rausgeld auf ihren Fünfzig-Euro-Schein rum, weil dreißig Euro aigentlich genug wäre. Also bitte, solche Leut gibt's! Sogar gut betuchte! Die verliere beim anonyme Spende im Halbdunkel jeden Leichtsinn. Im Extremfall schlendere die sogar an dem Spendengefäß langsam vorbei. Mache dort e bissl rum. Stecke beim Zurückkomme gut sichtbar ihre Brieftasche weg. Übertriebe? Bitte, alles schon erlebt! Im Spotlight vom Leuchtpfoschte geht des net. Dort wird publikumswirksam gespendet. Mer kann e bissl trickse, klar. Sechs gerollte Fünf-Euroscheine sehe wie e ordentliches Bündel Geld aus. Was drin liegt, bleibt jedenfalls drin. Für den Samstag beim Kurt halt ich mir des Spendegeld pa-rat. Fünfer- und Zehnerscheine. Dann bin ich flexibel. Ich seh in dem Sektkübel, was mer so durchschnittlich gibt. Ich kann leicht drunner bleibe, mitziehe oder großartig erhöhe. Könnt passiere, wenn ich mich wohlfühl. Es isch zudem für en gute Zweck. Die Organisation Brot für die Welt gibt's seit fünfzig Jahr. Solang ich Baguettes und Croissants ess. Es langt scheint's immer noch net für alle. Und die Hospiz-Bewegung? Sehr förderungswürdig. Die hat Zukunft. Vielleicht wohnt mer selber mal in dem letschte Hotel, wo mer mit de Füß voraus auscheckt. Jetzt nur kaine trübe Gedanke!

Ich könnt wette, mit leere Händ kommt niemand zum Kurt. Trotz Spendenaktion. Beim Sechzigschte geht des net. Was könnt ich dem Kerl schenke? Schwierig. Ein Buch? Der lest doch nur den Wirtschaftsteil von der FAZ. Vielleicht eine CD? Ich hab den noch nie Musikhöre g'sehe. Unvorstellbar, dass der ein Lied summt.

Seine Maria hat ein Konzert-Abo mit Freundinne z'amme. Sie schleppt ihn manchmal mit, wenn eine absagt. Als Springer sozusage. Die Tickets sin ziemlich teuer. Aber jetzt lasst sie die Kart lieber verfalle. Seit er neulich ei'gschlofe und mit'me laute Schnarcher auf die falsche Seite weggekippt sei. An die Schulter von der Dirigentenwitwe Hofstetter, einer sehr vornehmen alten Dame. Ausgerechnet bei einem Konzert von der Anne Sophie Mutter! Ringsum Kopfschüttle. Die Frau Hofstetter hätt ihn mit ihrem Theatertäschle wachschlage müsse. Also sie hätt in den Parkettbode vom Brahms-Saal versinke könne, hat die Maria verzählt. Eine CD für den Kurt wär rausg'schmissenes Geld.

Lieber so e Delikatesse-Körble vom Elsass? Des könnt ich diese Woche besorge: Crémant, Gänseleber, solche Sache drin. Aber halt! Kürzlich war der Kurt beim Arzt. Erhöhte Cholesterinwerte, hat er mir am Telefon g'sagt. Er müsst Tablette nemme, seine Ernährung radikal umstelle. Fettarm. Zehn Kilo sollt er mindeschtens abspecke ...

Mensch, ich hab's! – Die elektrische Wok-Pfann! Des wär doch des ideale G'schenk für ihn! Direkt maßgeschneidert auf seine momentane Situation. Zudem fliegt er g'schäftlich oft nach China, Peking. Passt doch wunderbar! Da merkt er, dass ich net lieblos irgendwas kauf. Nur dass ich was in de Hand hab. Sondern dass ich mir beim Schenke was gedacht hab! Des Gerät isch so schön verpackt. Des kann ich grad lasse. Kommt zur Zwischenlagerung bis zum Samstag in de Schrank. Nur des Kärtle von Röpkes und Sandholzers muss ich durch den Zellophanschlitz rausfische. Des mach ich jetzt glei. Net dass ich des vergess! Des wär natürlich ein schlimmer Fauxpas.

Ich waiß, des macht mer net. Geschenke weiter verschenke. Aber in diesem Fall, ausnahmsweis. Bei mir steht des Ding nur rum. Der Kurt und die Maria g'höre zu einem ganz annere Freundeskreis. Die Leut begegne sich nie. Ich hab einmal probiert, die z'ammezubringe. Nie mehr! Die Chemie stimmt net. Vor allem, wenn's um Politik geht. Ich war als Moderator völlig überfordert. Die Leut kann mer nur getrennt ei'lade. Deshalb verschwindet die Wok-Pfann spurlos beim Kurt.

Des Goldkleberle vorsichtig von der Folie abzupfe. Nur dass ich des Kärtle raushole kann. „Geschenkboutique Savoir Vivre". Aha. – Moment! Dieses halbseitige Inserat im Amtsblättle! Wo hab ich des? Schon im Papierkorb. Hier steht's! „Räumungsverkauf wegen Geschäftsaufgabe. Alles muss raus! 50 % auf sämtliche Artikel! Wir danken unseren Kunden".

So isch des? Gut, dass ich des waiß! Die kaufe mein Geburtstagsgeschenk in einem Bankrottlade. Zum halbe Preis. Und dann lege die noch z'amme! Vielen Dank! Des macht mir des Weiterverschenke moralisch leichter. Do muss ich kai schlechtes G'wisse habe. Des Savoir-Vivre-Bäbberle kommt weg. Net dass die Maria die Annonce g'lese hat! Ich bin kein Schnäppchenjäger! Schon garnet, wenn ich was schenk!

Kurz nach Mitternacht. Sie hocke nimme so lang wie früher. Weil se bei dem schöne Wetter vom Sonntag noch was habe wolle, sage die Fraue. Die Männer nicke halt.

Vom Sonntag noch was habe! Auch so eine Alterserscheinung. So früh wie möglich raus, aktiv sei, Natur genieße! Wandere mit klarem Kopf. Womöglich noch mit dene Walking-Stöck rumfuchtle. Oder Radfahre. Rudelweise mit'm Sturzhelm durch d'Gegend strample.

Früher wär doch vor vier Uhr morgens niemand haimg'ange, wenn überhaupt. Damals war der Sonntag ein bleischwerer Party-Ausklang. Ein völlig passiver Tag der Erholung mit Aspirin bei strenger Bettruhe. Eine Zeit zum Chillen, wie die Junge heut sage.

Bis mer halbwegs fit war, war so ein Sonntag beinah vorbei. Aber gut, man war verschwenderischer mit seiner Zeit. Noch jede Menge Sonntage in Aussicht. Damals.

Jetzt noch'n Schluck Wein. Gut durchlüfte. Des G'schirr e bissl z'ammestelle. Käs in de Kühlschrank. Dann ins Bett. Die Sauerei mach ich morge weg. Jesses, des G'schenktischle! Wie ein Flohmarktstand! Wo ich ausdrücklich nichts wollt! Nur der Hubert hat sich dran g'halte, kommt tatsächlich mit leere Händ. Ich hab genau geguckt. Aber laufend ums Buffet rumschleiche. Wein wie Wasser trinke. Des sieht dem ähnlich, dem Geizkrage!

Wie d'Leut

Ich dreh rum
noch isch Zeit
sin mir blöd?
was fahre mir jetzt
am Sonntagnachmittag
mit der halbe Stadt
raus an de Rhein
des Hochwasser a'gucke
also
wenn mer net uffpasst
wird mer wie d'Leut.

Harald Hurst

Laut Passeintrag 1945 in Buchen geboren. Wenig beaufsichtigte, daher schöne Kindheit im proletarischen Milieu der Karlsruher Altstadt, wo nach dem badischen Grandseigneur Hubert Doerrschuck die „unheilige Schwesternschaft der Gefälligen" ihr Gewerbe betrieb. Mäßiger, dem Aufwand entsprechender Volksschulabschluss. Als Pubertierender zur See gefahren, von den Fernweh-Schnulzen eines Freddy Quinn inspiriert. Ernüchterung.
Danach viele unqualifizierte Erwerbstätigkeiten, auch vergebliche Weiterbildungsversuche. Zeitweise durchaus angenehm den Überblick verloren. Schubartiger, später Bildungsdrang. 1968 wundersames Abitur als so genannter Schulfremder am Karlsruher Helmholtz-Gymnasium, dem er sich seither verbunden fühlt. Studium der Romanistik und Anglistik für das Lehramt an Gymnasien. Referendarzeit. Zweites Staatsexamen. 1979 Trennung vom Arbeitgeber zur beiderseitigen Erleichterung. Erlebt seit 1980 das tägliche Wunder der freien Schriftstellerei. Polizeilich gemeldet und wahlbeheimatet im beschaulichen Ettlingen.

Preise und Auszeichnungen:
Einige Mundartpreise; Stipendiat der Kunststiftung Baden-Württemberg; Stipendium des Ministeriums für Kunst und Wissenschaft; Thaddäus-Troll-Preis

G.BRAUN BUCHVERLAG
Karlsruhe

© 2010 DRW-Verlag Weinbrenner GmbH & Co. KG,
Leinfelden-Echterdingen

Umschlagfoto: Marina Lane, Ettlingen
Titelgestaltung und Satz: Andrea Faucheux, G. Braun Buchverlag
Lektorat: Natascha Matussek, G. Braun Buchverlag
Druck: Bosch-Druck, Landshut

ISBN 978-3-7650-8573-4

Textnachweis

Die Geschichten und Gedichte in diesem Auswahlband sind entnommen aus den folgenden Büchern, die alle im G. Braun Buchverlag erschienen sind. Lediglich das Gedicht „Flirt" stammt aus Harald Hursts Anfangsjahren im Fächer-Verlag, der heute nicht mehr existiert.

Rambo	So e Glück!
S' Landesübliche	Ich bin so frei
Der mit de Wurscht	So e Glück!
Salut Schtroßburg	Ich bin so frei
Heimat	Daß i net lach!
De Jens Schönemann	Daß i net lach!
Liebesgedicht	Daß i net lach!
Do hanne num	Ich bin so frei
An d'Luft geh	So e Glück!
Tour d'Alsace	So e Glück!
D' Haberschlachter Lesung	Daß i net lach!
Bleib!	Vergeß den Vogel
Kartoffelsalat oder folgendes...	Vergeß den Vogel
S' Ingding oder Gerundium	So e Glück!
Z'sammeg'rauft	So e Glück!
Katzewäschbecke	Daß i net lach!
Sommergedicht vom	
hocke, schwitze, trinke un gucke	Vergeß den Vogel
D' Sproch für dehaimrum	Vergeß den Vogel
Flirt	's freidagnachmiddagfeierobend- schtrassebahnparfüm
Fischzeit	De Polizeispielkaschte
Gemainschaftserlebnis	De Polizeispielkaschte
Als die Ros noch e Ross war	De Polizeispielkaschte
Lieblingsmensch	So e Glück!
G'mütlich sitze	De Polizeispielkaschte
S' große Bau-Gedicht	De Polizeispielkaschte
Bernd, bitte!	Komm, geh fort
Essegeh oder Bis mir sitze	Komm, geh fort
Großraumwage	Komm, geh fort
Herr Sohn	Des elend schöne Lebe
An de Fusionsgrenz	Des elend schöne Lebe
Landsmann	Des elend schöne Lebe
Mit leere Händ	Des mir!
Wie d'Leut	Des elend schöne Lebe

Des elend schöne Lebe
Geschichten und Gedichte
ISBN 978-3-7650-8349-5

Ich bin so frei
Gedichte und Prosa
ISBN 978-3-7650-8193-4

Fuffzich
Komödie
ISBN 978-3-7650-8276-4

Das Zwiebelherz
Liebesgeschichten
ISBN 978-3-7650-8222-1

So e Glück!
Geschichten und Gedichte
ISBN 978-3-7650-8161-3

Daß i net lach!
Geschichten und Gedichte
ISBN 978-3-7650-8124-8

Der mit de Wurscht
mit Gunzi Heil
60 Minuten Spielzeit
ISBN 979-3-7650-8372-3

**Musik & Literatur
live & pur**
mit Gunzi Heil u. Kuno Bärenbold
60 Minuten Spielzeit
ISBN 979-3-7650-8245-0

rum un num
mit Gunzi Heil
73 Minuten Spielzeit
Bonus-Video
ISBN 979-3-7650-8323-5